川島和正

お金儲け 2.0

三笠書房

人知れず堅実に稼ぎ、将来に備えたいあなたへ

はじめに

本書『お金儲け2.0』は、間違いなく、多くの稼げる人を生み出します。

あなたがその1人になれるかどうかは、この本を最後まで読むか読まないかにかかっています。本書に書いてあることを実践していただければ、高い確率で年収1000万円以上稼げるようになります。また、もう少し頑張れば年収3000万円、5000万円、そして1億円になっていくはずです。

私、川島和正は『働かないで年収5160万円稼ぐ方法』（アスコム）という稼ぎ方ガイドを、12年前にも出版しています。そしてこの本は、テリー伊藤さんが帯を書いてくださったこともあり、30万部のベストセラーになりました。当時はまだあまり知られていなかった、「ネット転売」と「アフィリエイト」、そして「情報ビジネス」について解説したところ、大ヒットしたのです。

本が売れたこともあり、若くして億万長者になった人をたくさん生み出しました。

また、組織に属さないでも、資格を取得しないでも、自宅にいながらパソコン1台で稼げるライフスタイルを世の中に広めました。

それから12年、ネット転売やアフィリエイトは、20〜40代であれば、誰もが知るようになりました。昔はパソコンオタクしかやっていなかったことが、今や社会経験の浅い若い女の子が、メルカリで商品販売し、ブログでアフィリエイトしています。

それどころか、小学生の将来なりたい職業ランキングに、ユーチューバーが入ってくる時代です。以前はネットで稼ぐなんて怪しいとか詐欺だとかいわれていたのが、今ではむしろカッコいいことだと思われているのです。

●自力で稼がないと貧困になる時代がやってくる

この、ネットで稼ぎたいとか、自力で稼げるのはカッコいいという流れは、今後さらに強まっていくことが予想されます。なぜかというと、会社や組織のために尽くせば生涯安泰、という時代は終わったからです。最近は、40代になっても給料が上がりませんし、むしろリストラのリスクは高くなります。

しかも、これに加えてAI、ブロックチェーン、IoT（すべてのモノがインターネットにつながる仕組み）など新しい技術が実用化され、特筆すべき能力のない人には厳しい時代がやってきます。最新技術が実用化されると、ユーザーは便利になるのですが、労働者は必要とされなくなり、リストラの対象とされます。人生100年時代なのに50歳でリストラされてしまったら本当に大変です。

あなたがもし会社をリストラされて無収入になったとき、今ならまだ社会保障制度に守ってもらえますが、その財源もいつまで続くかわかりません。残念なことに、今の日本は助けを求める人が増えすぎてしまい、今後は手厚い社会保障のない国になっていく可能性が高いのです。

そのため、今こそ個人がネットを使って稼ぐ方法が必要とされる時代だと思い、久々に筆をとった次第です。

川島が再び稼ぎ方ガイドを書く個人的な目的

私がこの本を書く目的は、自分が大儲けするためではありません。今の私は5億円以上の金融資産に加え、10年連続で年収1億円となっている安定した収入源があるため、自分の利益のために本を書く必要はないのです。いや、必要がないというよりは、稼ぐことが目的であればほかのことに取り組んだほうが効率的ですので、本の執筆に関しては稼ぐことを目的としていないのです。

そもそも、私は年収1億円もあれば十分と考えているため、30代はビジネスや投資より、旅行と恋愛に時間を使ってきました。これらに関しては、日本人では最高レベルに楽しんできたのではないかと思います。さまざまな楽しみがある中で、なぜ旅行と恋愛なのかというと、この2つは年を取ってからだとやりにくくなるためです。50代、60代でもできることは、なるべくあと回しにしています。

このような理由で、私はお金に重きを置いていないため、前回の本の印税は全額寄付しましたし、この本の印税も寄付と書籍広告費に使う予定で、自分の口座には1円も入れません。私がこの本を書く目的は何かというと、社会貢献が半分、自分の生きた証《あかし》を残したいことが半分です。

●最新最強で現実的な稼ぎ方のノウハウを伝授できる理由

私は、個人がネットで大金を稼ぐ方法について、とても詳しいと言える自信がありますし、最新情報も入ってきます。大企業の稼ぎ方はわかりませんが、個人や少人数でネットで稼ぐ方法については、私の知識は日本ではトップクラスでしょう。いや日本一かもしれません。

なぜかというと、12年前に前述のベストセラーを出したあと、私の元には最新の稼ぎ方を学びたい人が集まってきたからです。そして、最新の稼ぎ方を学び実践した彼らが、10年たった今では、各分野のエキスパートになっているからです。

また現在、私は川島塾という塾を運営していますが、そこには稼ぐ系ノウハウ本の著者が50人以上います。年収1億円以上得ている人も30人以上います。

とにかく私は、自分自身が稼ぎ方に詳しく、なおかつ日本トップクラスの情報を持ち合わせているのです。

そのため、この本では、私の基礎知識をベースに、それぞれの分野において現役で稼いでいる方々の最新情報を加えて、本当に稼げる強力なノウハウをご紹介します。

これを読んで真面目に取り組めば間違いなく稼げますので、ぜひご期待ください。

●大金を稼ぐには「戦略第一、戦術第二」の思考が大切

大金を稼ぐには「戦略」こそが一番大切であり、「戦術」はその次です。

稼ぎ方において「戦略」にあたるのは「何にどうやって取り組めば稼げるか」とい

う全体像です。「どのビジネスに取り組むべきか」「全体的な進め方はどうすればいいか」「どこのサービスや外注を使えばいいか」、といったことで、これを最初に考えることが大切です。

一方、「戦術」というのは、「作業を効率化するにはどうすべきか」といった部分的な話です。「パソコンはどうやって操作すればいいか」「資料はどうやって作成すればいいか」「税金はどうやって払えばいいか」などのことです。稼ぐためには、これは二の次になります。

なぜかというと、戦略が優れたものでなければ、すべての戦術は無効になってしまうからです。まったく儲からないビジネスをいくら効率的に行なっても、儲からないものは儲からないのです。儲かるビジネスを〝雑に〟行なうほうがまだましなのです。

ですから、まずはこの本で戦略を学び、自分に合ったプランを決め、この本に書かれているプロセス通りに実践してみてください。そして、進めるにあたり作業方法などがわからないときには、各章で紹介している参考書やWEBサイトで作業方法などを調べてやってみてください。

スペースの都合上、すべての作業手順まで書ききれませんので、この本では優先順位の高い戦略部分と上位の戦術部分について解説いたします。

あなたが、今からこの本を読んで複数の最新戦略を知り、その中から自分に合ったものを選び、必要に応じて作業方法を調べて実践していけば、あなたの収入は嫌でも増えていきます。

かつて『働かないで年収5160万円稼ぐ方法』は、たくさんのお金持ちを世に送り出しました。そして、今お読みのこの本『お金儲け2.0』の読者さんからも、お金持ちになっていく人がたくさん出ることでしょう。

ですから、あなたもぜひその1人を目指して取り組んでみてください。何もしなければ稼げませんが、真面目に取り組みさえすれば、ほぼ確実にあなたの年収は1000万円以上になります。

また、作業を続けていけば、数年後には年収5000万〜1億円にすることも可能です。ぜひ第一歩を踏み出してみてください。

お金儲け2.0　目次

Chapter 4

転売で年収1億円稼ぐ方法

Chapter 7

Chapter 11

集中力を維持して作業を続ける方法

編集協力　小池義孝
本文デザイン／DTP／図版　北路社
本文写真　iStock.com／hikesterson
iStock.com／ytyoung

Chapter 1

最先端技術が あなたの仕事と収入を奪う

労働者が必要とされなくなるのは避けられない

最近、新聞でも雑誌でもテレビでもインターネットでも、ＡＩ、ブロックチェーン、ビッグデータ、ＩｏＴといった言葉を見たり聞いたりする機会が増えています。これらは今後、インターネットや携帯電話のように、人々の生活を変えていく技術であるため話題になっているのです。

そして、たいていの記事では、生活が便利になる明るい未来が紹介されています。たとえば、ＡＩがまるでコンシェルジュのように動いてくれて便利だとか、Airbnb（エアビーアンドビー）やUber（ウーバー）を使うと、宿泊や移動が安くて便利になると紹介されているのです。

そして実際に、これらを使うと便利になるのは事実なのですが、その反面、雇用は失われてしまいます。なぜかというと、各種作業をこれらのシステムがやるようになると、**労働者は不要になる**からです。

すでにこの流れは進んでいて、誰にでもできるような単純作業から、世界最高レベルの頭脳を必要とする仕事まで、世の中は着々とシステム化されています。

たとえば、レストランのウェートレスの数は注文端末の普及で減る一方です。ゴールドマン・サックスのトレーダーだって、すでに**90％以上AI**に置き換わっています。また、車のシェアリングサービスが始まったことにより、自動車業界の雇用は今後減っていきます。スマートフォン決済や仮想通貨決済が普及することにより、金融業界の雇用も減っていきます。

このほか、例を挙げるときりがありませんが、今の時代に便利な新サービスが登場するということは、すなわち**雇用を減らす**ことにつながるのです。

99％の人が気づいていないブロックチェーンの脅威

本書の趣旨から外れますので、一つひとつの最新技術について詳細は述べません。しかし、**ブロックチェーン革命**は、インターネット革命と同じくらいの大きなインパクトをもたらしますので、これについては少し解説しておきます。

ブロックチェーンについては今のところ、まだ実用化が進んでいません。そして、ほとんどの人は、ブロックチェーンとはいったい何なのかわかっていません。しかし、これは99％の人の予想をはるかに上回るほど、本当に**驚異的な技術**です。何が驚異的かというと、ブロックチェーン技術を使うと、管理者不在でも自立して動いていけるシステムを作れるからです。

現在、システムを動かしている会社では、たくさんの人が働いています。なぜかというと、基本的なことをシステムが自動的にやっていたとしても、サポートやトラブル解決、メンテナンスなどは人間がする必要があるからです。AirbnbやUber、出会い系アプリなどで、人と人とがマッチングできるようになったとはいえ、規約違反やトラブルについては、裏で人間がチェックして対応しているわけです。

しかし、ブロックチェーン技術が本格活用されるようになると、システム管理者抜きで個人と個人が直接つながって、やり取りできるようになります。記録に残るお金のやり取りと、記録に残る相互評価をブロックチェーン上でできるようになるため、そこに管理者は必要とされなくなるのです。

ブロックチェーンの世界というのは本当に恐ろしく、お金のやり取りから、利用者がどんな行動をしたかまで、すべて**可視化**できて記録に残せます。そのため、管理者不在でも、トラブルは起こらなくなっていきます。

現在、中国ではすでにこれに似たような技術が普及してきています。完全なブロックチェーンシステムではないものの、**個人信用スコア**なるものが、中国人民銀行とアリババ社やテンセント社らにより実用化されつつあります。これはどういったものかというと、請求書を期限内に払うと信用スコアがアップしたり、交通違反をすると信用スコアがダウンしたりするものです。また、今後はホテルや配車アプリなどで、お店とお客さんが相互評価できるようになることも予想されます。

こうした技術の登場により、現実世界のどこに逃げてもその信用評価に追いかけられるようになるのです。すでに北京市では2020年末までに、全市民に対し信用スコアを付けることが決まっています。

そして、このような技術が、近い将来、中国だけではなく世界中で自動的に稼働するようになります。これは各国の政府が介入するということではなく、ブロックチェーン技術の普及により、いつの間にかそういう状態になってしまうのです。それはまるで、「食べログ」が普及し、いつの間にかすべての飲食店に点数が付くようになったのと同じように、です。

すべての個人に点数が付いて顔認証で表示される近未来

ほとんどすべての人に**信用スコア**が付く未来、信用スコアはスマホのカメラをかざすと顔認証技術で表示されるようになり、信用スコアが高い人は誰からも歓迎され、信用スコアが低い人は誰からも避けられるような社会になります。

その昔、小さな村で悪いことをしたらみんなに知れ渡ってしまい、共同体からはじき出されたように、これからは世界中に知れ渡るようになるのです。

こうなった場合、人材派遣業はもちろん、AirbnbやUberのようなサービスまで必要とされなくなります。これらの業者は現在、管理することで中間マージンを取っているのですが、管理の需要がなくなるからです。

相手の信用スコアがわかれば、安心して仕事を頼めます。また、仕事をきちんとし

なぜ雇用が減っていくのか

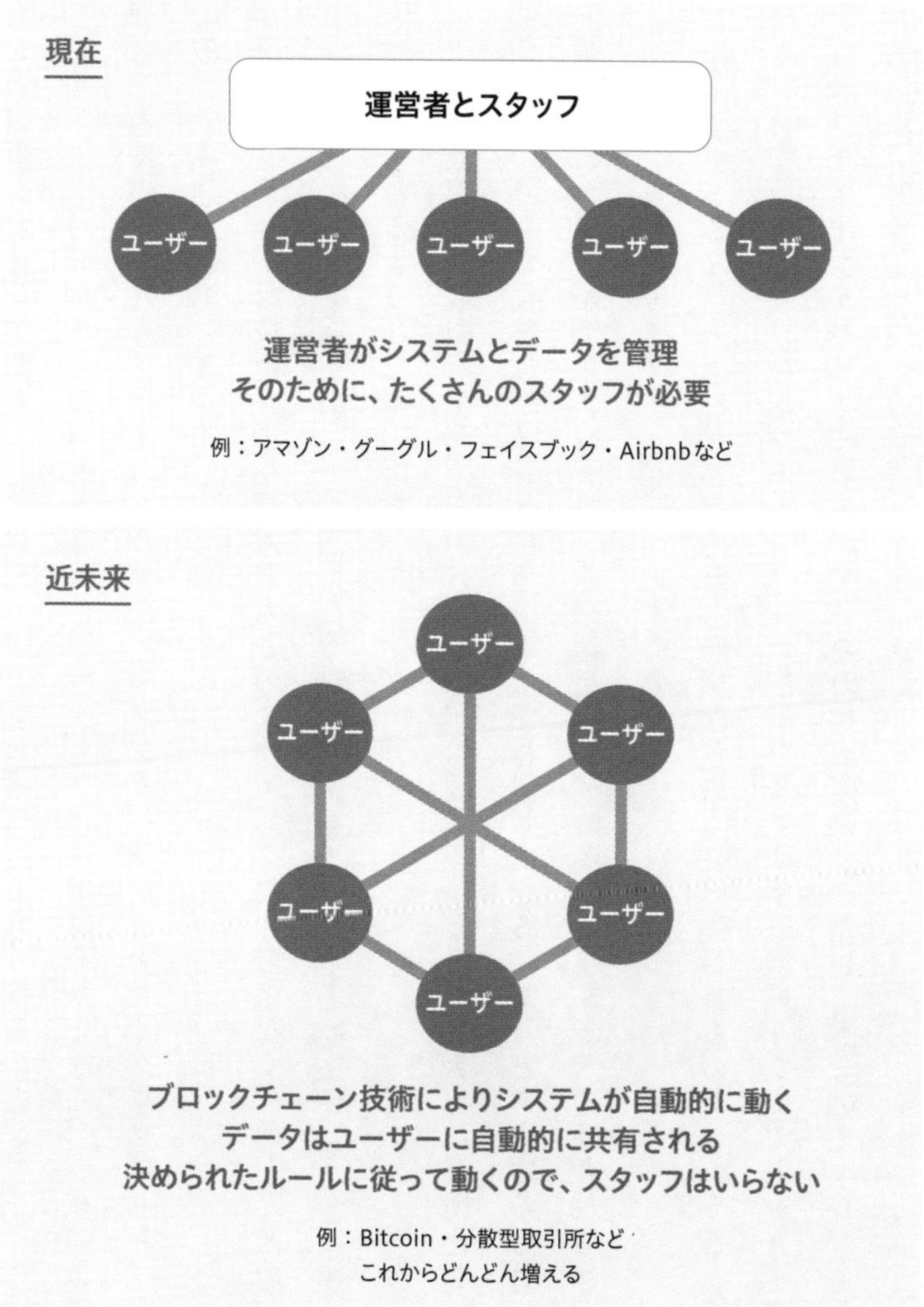
現在
運営者とスタッフ
ユーザー
ユーザー
ユーザー
ユーザー
ユーザー
運営者がシステムとデータを管理
そのために、たくさんのスタッフが必要
例：アマゾン・グーグル・フェイスブック・Airbnbなど
近未来
ユーザー
ユーザー
ユーザー
ユーザー
ユーザー
ユーザー
ブロックチェーン技術によりシステムが自動的に動く
データはユーザーに自動的に共有される
決められたルールに従って動くので、スタッフはいらない
例：Bitcoin・分散型取引所など
これからどんどん増える

なければ低い評価をすればいいだけなので、管理者はいらなくなるのです。

しかし、人材管理サービスやマッチングサービスだけではありません。現在の世界覇者であるグーグルもフェイスブックもアマゾンもアップルもマイクロソフトも、この波に飲み込まれていきます。

ブロックチェーン技術により、人と人とのマッチングだけではなく、ほとんどのシステムが、管理者もサーバーも不要の**分散型アプリケーション**（DApps）として作られるようになるのです。

すでに仮想通貨取引所やゲームの分野では、管理者のいないシステムが実用化されています。そして今後は、インターネット上で稼働している、ありとあらゆる分野に広がっていくことが予想されます。その結果、現代のインターネットの覇者たちは消えていくことになります。

——さて、こんな未来になったとき、雇用はどれくらい失われるのかということですが、**30〜50%**はなくなってしまうといわれています。面倒くさいことをAIやブロックチェーンがやってくれるので、それは大変ありがたいことなのですが、それに伴い**失業者は確実に増える**のです。

Chapter 2

120年前の日本の産業革命を学ぶと未来が見えてくる

産業革命により失業した人々はどうなったか？

大失業時代に向けての対策を考える前に、まず世の中は、どのように動いているのかを、一度知っておく必要があります。原始から現代にかけて、人々はどのように暮らしてきたのかを学ぶと、将来の対処方法も見えてきます。

先史、人々は小さいコミュニティーで自給自足の生活をしていました。狩猟民族は狩りをして肉や野菜を食べ、農耕民族は大地を耕して穀物や野菜を作って食べていたのです。また、服を作り、家を建て、雨風から身を守っていました。

その後、人々は穀物や野菜と魚や肉、服や道具などを交換するようになりました。物々交換が始まったわけです。しかしながら、食物は腐ってしまうため、腐ることなく価値を保有するためのお金が登場しました。そして、生産管理と取引が上手な人や、相手から強奪できる武力のある人が、お金をたくさん蓄えられるようになり、その地域の権力者となっていきました。

この衣食住と**奪い合い中心**のシンプルな経済が、約20万年前から、西暦18

00年頃まで続いてきました。しかし、イギリスでは1800年頃、日本では1900年頃に起こった**産業革命**により変わり始めました。何が変わったのかというと、機械の登場により、コミュニティーのほとんど全員が生活のために働かなくても、服や食べ物や家を供給できるようになったのです。そして、ここにきて初めて**失業者がたくさん出てきた**のです。

日本の総務省統計局で公開されているデータを見ると、1920年には、第一次産業（農業・林業・漁業）と第二次産業（鉱業・建設業・製造業）に従事している人が全就業人口の74％を占めていました。しかし、機械化が進み、少人数でも食料や服や家を大量生産できるようになったため雇用が失われ、2015年の統計では29％にまで落ちています。

このように、日本では100年以上前に多くの人が失業する産業革命がありました。そのとき、多くの人は失業して、何十年もの間困っていたのかというと、そうではありません。最初は困ったものの、その後は何かしらの仕事に就いています。現在の日本の完全失業率を見ても約2・4％（2018年）であり、職がなくて困っているわけではありません。

では、産業革命が起こったのになぜ失業者が少ないのかというと、新たに登場した映画や遊園地などの娯楽産業といわれるような**エンターテインメント関連の仕事**に就いた人が多いからです。お金をもった暇な資本家と、暇な失業者が登場した結果、資本家が暇つぶしをするために失業者を使うようになったのです。そして、その暇つぶしのためのエンターテインメント産業が広がっていき、今のような世の中になっているのです。

たとえば、現在の日本を見渡すと、テレビ関係、スマホ関係、ゲーム関係、旅行関係、高級レストラン、テーマパークなどで働いている人はとても多くいます。これらは昔はなかった仕事ですし、たとえ、この仕事が世の中に存在しなかったとしても、日常の生活には困らない、あくまでエンターテインメント関連の仕事なのです。

ブロックチェーン革命で失業する人はどうなるのか？

次に、もっと失業者が増える未来はどうなるのかというと、新たな失業者たちも、

未来は、なくても困らない仕事ばかりになる

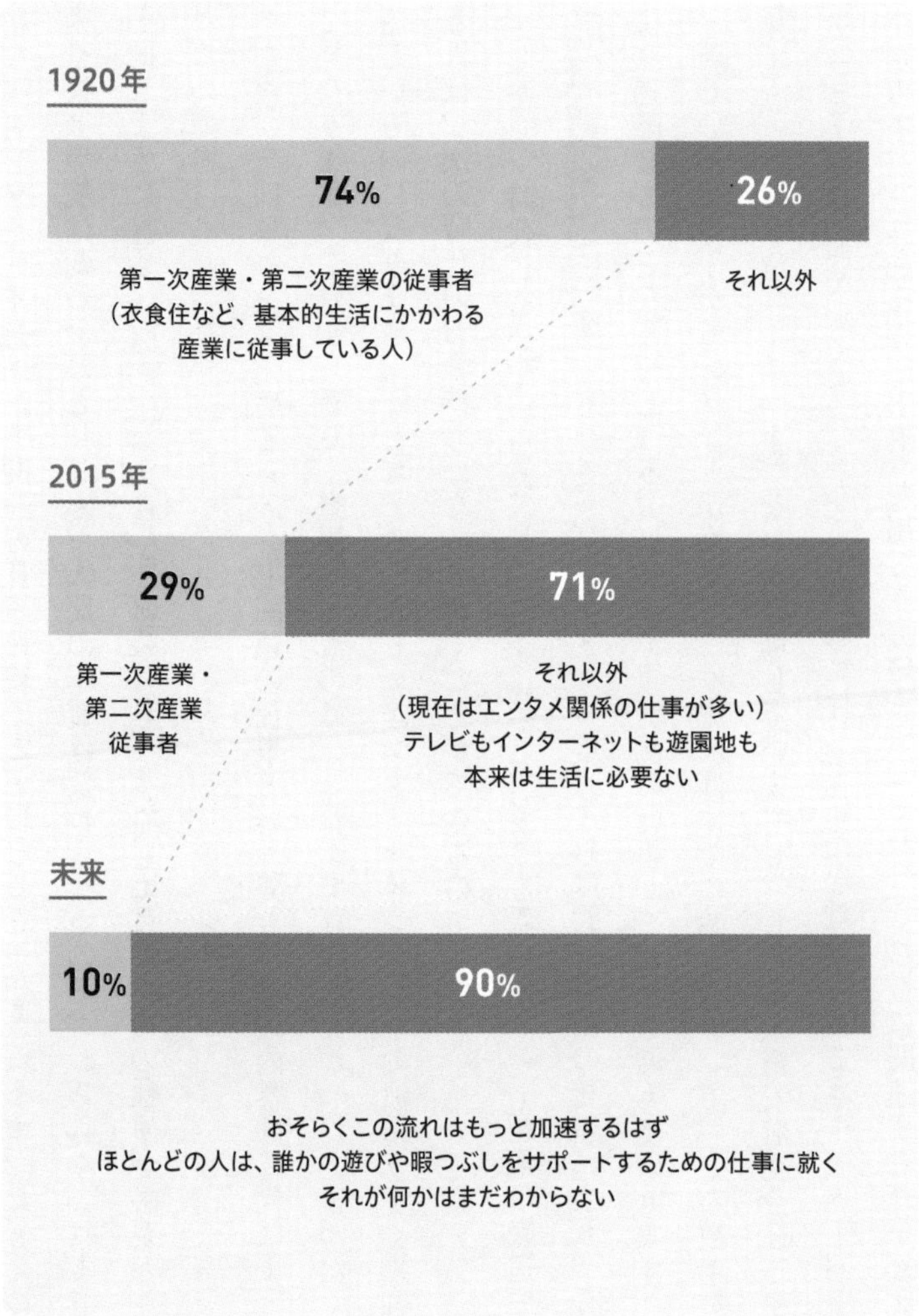
1920年
74%
26%
第一次産業・第二次産業の従事者
（衣食住など、基本的生活にかかわる
産業に従事している人）
それ以外
2015年
29%
71%
第一次産業・
第二次産業
従事者
それ以外
（現在はエンタメ関係の仕事が多い）
テレビもインターネットも遊園地も
本来は生活に必要ない
未来
10%
90%
おそらくこの流れはもっと加速するはず
ほとんどの人は、誰かの遊びや暇つぶしをサポートするための仕事に就く
それが何かはまだわからない

新たなエンターテインメント関連の仕事に就くことになると予想されます。たとえ技術や社会環境は変わったとしても、人間の本質は変わらないので、おそらくこれまでと同じように**新たな暇つぶし**が求められ、それに応えるための仕事が必要とされるのです。

ただ、一口にエンターテインメント関連の仕事といっても、その内容は時代によって異なります。これから新しく登場するものは、これまで存在しなかった、まったく新しいものになります。そして、この新しいエンターテインメントの波にうまく乗れる人は、次の時代のお金持ちになっていくことができるのです。

しかし、時代についていけない人の多くは、エンターテインメント産業の底辺で**超低賃金労働**をすることになります。また、それは管理技術の発達により、今より過酷なものとなるでしょう。低賃金で重労働の仕事がこれから増えていきます。

新しいエンターテインメントが増えていく流れはすでに始まっていて、ここ数年を見ても、ＳＮＳやユーチューブなどが登場していますし、ＬＣＣ（格安航空会社）やAirbnbも登場しています。そして、それに伴って新たな職業としてユーチューバー、ブロガー、Airbnbホストなどが出てきています。また、それらに関連するサービスの分野で働く人も続々と増えています。

ファッションや美容、出会い系なども、生活必需品というよりはエンターテインメントに近いといえ、現在続々と新しいものが登場しています。ファッションや美容に関しては、一人ひとりの好みや肌質に合ったものが簡単に作れるようになり、出会いもアプリで簡単にマッチングできるようになっています。

医療関連業界も伸びていますが、これもエンターテインメント目的のようなものです。こんなことをいうと怒られてしまいそうですが、最先端技術とお金を使って寿命を延ばしている多くの人は何をしているのかというと、テレビやスマホを見ておしゃべりして遊んでいるのです。

このようにして、エンターテインメントが増える流れは、とどまるところを知りません。さらに暇なお金持ちは増え、楽しい時間を過ごしたいというニーズも増え、その結果、エンターテインメント関連の職業は増えていくのです。

そのため、これからの**大失業時代を生き抜く**には、時代のニーズに合わせて、新しいエンターテインメント関連の仕事に取り組むことをおすすめします。また、歯車の1つとして雇われて働くのではなく、自分が主体となって何かを始めれば、新時代のお金持ちになることができるのです。

将来に向けて今やるべきことは何か?

近未来はこのようになるのですが、それを踏まえたうえで今やるべきことは、**今稼げることに取り組む**ことです。あまりに未来を先取りして新しいことに取り組んでも、なかなか換金できずお金に困るためです。

今稼げることに取り組んで、お金を貯めておくことは未来への準備につながります。なぜかというと、貯金があれば社会が変化しても、しばらくは生きていけるからです。そして、貯金がある程度の規模になった場合には、未来の技術への投資に使えるからです。

今稼げることを調べるにはどうすればいいのかというと、今、本当に稼いでいる人を探せばいいのです。理論ばかり学ぶのではなく、実際に稼いでいる実例を探し、その人が具体的に何をしているのか調べます。また、大企業がやっていることはすぐには真似できないため、個人や少人数のグループで稼げている事例を探します。

まずは書店で「○○ビジネスで稼ぐ方法」や「○○ビジネスの始め方」といった本を片っ端からチェックします。そして、その本の著者プロフィール欄をチェックし、学者や評論家が書いた本ではなく**実践者が書いたもの**を探します。すると、その本からやり方を学ぶことができますし、その著者の名前をインターネットで検索すると、より詳しくその人が何をやってきたのかがわかってきます。

稼いでいるけど本を出していない人もたくさんいますので、インターネットでも稼いでいる人の実例を探します。インターネットで探す場合、私のように稼ぎ方に詳しい人が配信しているメールマガジンやブログを見ると、そこで実例が紹介されているので詳細がわかります。最近ではユーチューブでも稼ぎ方が多数紹介されるようになってきていますので、そちらから学ぶこともできます。

また、本やインターネットより効率的なのは、稼いでいる人が集まる**セミナーやコミュニティーに参加**することです。

たとえば、経営者や投資家向けに、ビジネスノウハウや投資情報を教えている集まりに行くと、稼いでいる人と知り合えます。また、不動産や高級車、ワインなど、いわゆるお金持ちが関心を持つ分野の集まりもおすすめです。

このような場所に行くと、今どんな仕事をしている人がお金を稼いでいるのかがわかりますし、そこで稼いでいる人と知り合って親しくなれば、稼ぎ方を直接教えてもらうこともできるようになります。

私の場合、20代半ば頃から、このようにして稼ぎ方を調べるようになり、起業当時はアフィリエイトと情報ビジネスが一番効率的に稼げるとわかったので、それに取り組んできました。それから、稼ぎ方をまとめた本を出して、それを起点に最新の稼ぎ方情報が集まるコミュニティー、川島塾も作っていきました。

そしてまた、今回のこの本で稼ぎ方情報をシェアすることで、新しい人間関係ができ、新たな稼ぎ方情報も集まってくることでしょう。あとは、集めた情報の中からどれかを選んで取り組めば、また手堅く稼げるというわけです。

Chapter 3

日本国があなたを助けてくれる時代は終わる

今の日本はまだ助け合いのシステムが機能している

ここまで、最先端技術は世の中をどのように変えていくのか、今後何をすればいいのか、についてお伝えしました。しかしながら、「そうはいっても稼ぐ**自信がない**し、**面倒くさい**ことはやりたくない」「どうやって今の給料以上に稼げばいいのかわからない」「なんやかんやいって、今の会社で働いていれば**大丈夫だろう**」と考えてしまうのが、大多数の日本人です。

なぜかというと、現在の日本の社会構造では、組織に所属しているだけで暮らせている人が大多数だからです。そして、成果報酬として実力で稼いでいる人があまりに少ないからです。

ほとんどの日本人は、成果報酬を嫌います。成果が出ようが出まいが、一定の賃金をもらえる職場を好んでいます。実力社会で戦ったら、報酬がもらえない不安があるため、そちらを選んでしまうわけです。

そして、成果主義ではない分、組織に利益をもたらしていないのに給料をもらっている人も数多くいます。また、組織内でやりくりできていればまだましなほうで、外部から支援してもらっている組織も多々あります。

この支援のお金の出所はどこかというと、国や地方自治体です。日本は雇用維持という大義名分のもと、国や地方自治体が助けているのです。**助け合いのシステム**になっているため、国や地方自治体からなんらかの支援を得ている職場で働いている人は、なんと**全就業人口の約50%**にも上っているそうです。

具体的には、まず公務員は国や地方自治体から給料をもらっています。特殊法人や第三セクターも国からお金が入っています。補助金や助成金をもらっている企業や、さらに農協・漁協に所属する農水産業従事者も、国から支援を受けている状態です。上場企業にしても、景気対策として日本銀行により株が買い支えられていたりします。このように挙げだしたらきりがないほど、税金が投入される団体ばかりで、そこに腰かけているだけでお金が入ってくる人が多いのです。

ですから「自分の働きが不十分でも賃金が保障されている職場で働くほうが安泰だ」と考える人が多くても無理はありません。また、「国からボーナスをもらえる職業のほうがお得だ」と考えてしまっても仕方ありません。

就職人気ランキングで、**公務員や大企業が上位**なのも、こういう社会システムになっていることが大きな理由でしょう。

近い将来、依存的な人は困窮せざるをえない理由

ただ、残念なことに、この日本型助け合いシステムは**機能不全**に陥りつつあります。昭和の時代は、お国のため、会社のために一生懸命頑張っていた若い人が多かったのでGDP（国内総生産）が増加、税収も増加しました。しかし、最近は社会の高齢化に加えて、**「頑張ったら損。**なるべく最低限の仕事で給料をもらおう」と考える人が増えてしまったので、回らなくなってきているのです。

その結果、どうなっているのかというと、諸外国の生産性は上がる中、日本のGDPは横ばいになっています。しかも、国の借金を年々増やすことによって支えて、ようやく横ばいにしている状況です。そして、このシステムを無理やり回し続けるため、2009年頃より所得税や消費税などの税率は増加し続け、会社員の平均年収は低下

今の日本の仕組み

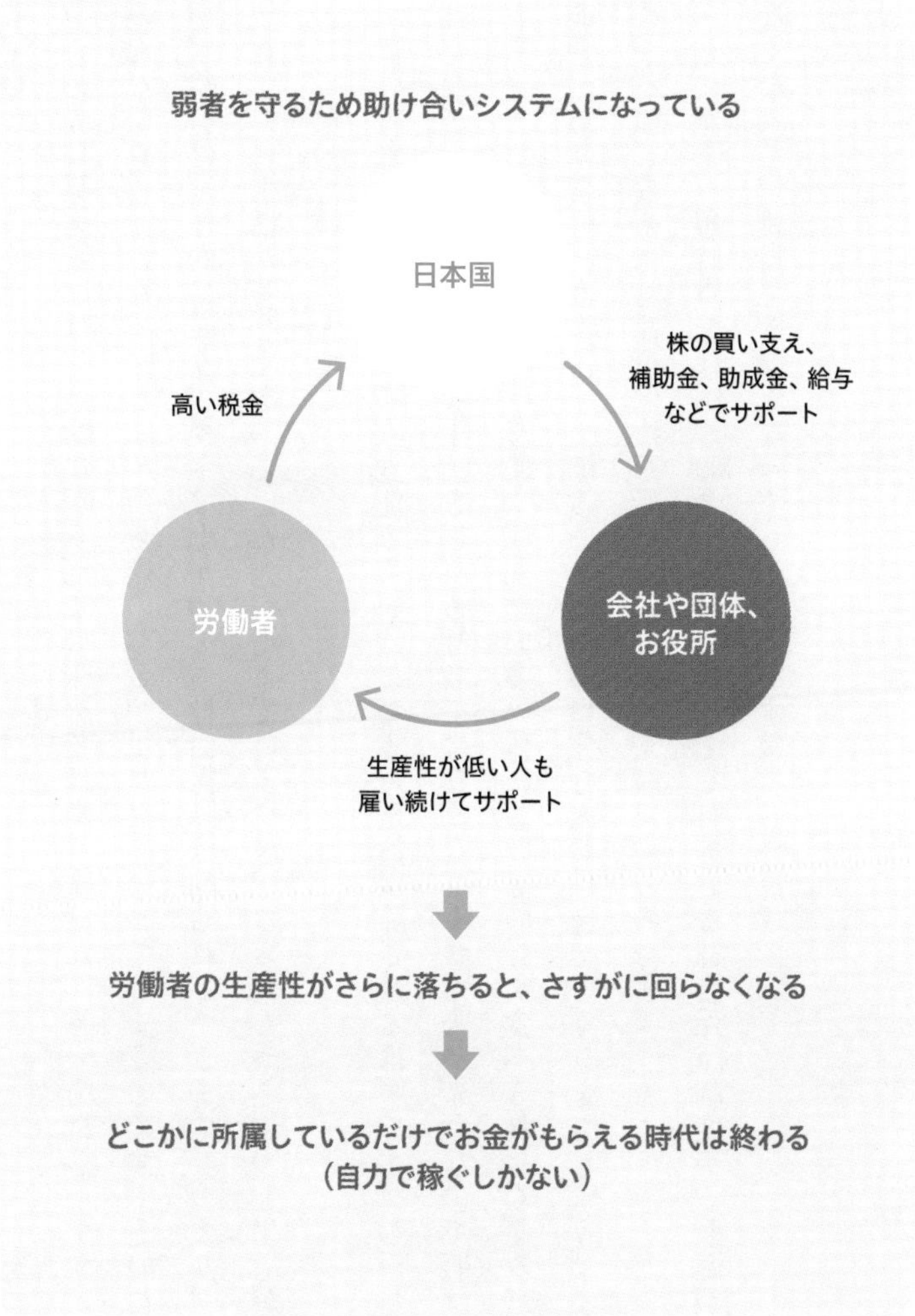
弱者を守るため助け合いシステムになっている
日本国
高い税金
株の買い支え、
補助金、助成金、給与
などでサポート
労働者
会社や団体、
お役所
生産性が低い人も
雇い続けてサポート
労働者の生産性がさらに落ちると、さすがに回らなくなる
どこかに所属しているだけでお金がもらえる時代は終わる
（自力で稼ぐしかない）

していっています。

この先に見えるのは、残念ながら明るい未来ではありません。言い方は悪いですが、みんながタカリになってしまったら国のお金が足りなくなってしまうのです。そのため、給料は全体的に減り、税金は上がって、社会保障は削られていきます。つまり、現在すでに生活が苦しくなっている人が増えていますが、さらにもっともっと生活が苦しくなっていくことでしょう。

近い将来なら、最低限の衣食住くらいはまだまだ全員保障されるはずです。しかし、残念ながら全員が健やかな生活を送れる社会ではなくなります。モノ余りなので服は大丈夫でしょうが、食事は農薬や添加物の多い体に悪いものしか食べられなくなる可能性があります。家も古くてぼろいアパートに住む人が増えていくことでしょう。また、病気になっても高度医療を受けられない人が続出するのです。

とにかく、現時点では国がお金を出して助けてくれている社会保障制度が、財源がなくなって、維持できなくなってしまうのです。

豊かに暮らすためには自分の力で稼ぐしかない

このような社会環境の中、**一度きりの人生**を豊かで楽しいものにするためには、「安定収入が保障される職に就くことが第一」という古い価値観を捨て、「**自分の実力で稼ぐほうが得だ**」という思考に切り替える必要があります。

今はまだ助け合いシステムが機能しているので、さぼっているのに給料がもらえている人は、ある意味得をしているともいえるでしょう。しかし、国や自治体、そして会社の財源がなくなったとき、真っ先にクビになってしまうのは、まさに今得をしている、さぼっているのに給料をもらっている人たちなのです。運よくクビにならなかったとしても、給料がかなり低くなることは容易に想像がつきます。

その一方、社会環境の変化や技術の革新により、現在は**個人でも稼ぎやすくなっている**ため、自分で稼ごうとする人は得するようになります。たとえば、一時代前、ニュースを配信できるのはテレビや新聞・雑誌だけでしたが、今ではインターネットで誰でも配信できます。また、問屋から仕入れられるのは権利を持った業者だけでしたが、今では誰でも自宅のパソコンから仕入れることが可能です。

つまり、これまでは何をするにしても権利を有していた大企業がほとんどのシェアを占めていたところ、現在は**個人がそれを切り崩せる**ようになっているのです。テレビや新聞・雑誌、デパートや小売店の売り上げは落ちる一方、個人ブロガーや個人セラーは収入を増やせているわけです。

大企業は利益を減らし、個人が利益を増やす時代

私自身は、いち早くこのことに気づいたため、2005年にブログやメールマガジンといった自分のメディアを立ち上げ、テレビや新聞・雑誌のシェアを一部いただきました。そして、テレビや新聞・雑誌の市場規模はとてつもなく大きいため、そのほんの一部を切り崩しただけで、**個人で年収1億円**を稼げるようになりました。

最近話題のユーチューバーもまったく同じで、彼らは個人メディアを作ったことで、テレビのシェアの一部を奪うことができたため高収入になっています。

そして、私もユーチューバーも、天才とか努力家だったのかというと、そうではありません。ただ時代の変化に合わせて、**大企業からシェアの一部をいただいた**というだけなのです。

物販業も同様で、以前は卸売市場に入れるのは、その権利を持った会社や一部の個人だけでした。しかし、今では誰もが世界中の多くの卸から買えるようになりました。さらには、メーカーから直接買うことだってできるようになっています。

また、数百万円、数千万円という資金を出して店舗を構えなくても、ネット上のメルカリやアマゾン、ヤフオクなどで手軽に販売できるようになっています。そのため、個人輸入ビジネスなどに取り組んだ人は、商社からシェアの一部を奪い、それほど頑張らなくても多くの収入を得ることができてきています。

あなたはこのような話を聞いて、「もう遅いのではないか」と思ってしまうかもしれませんが、実は**まだまだこれから**です。参入の余地は大きいですし、これから出てくる最先端技術により、もっともっと変化が起こり、チャンスは増えていきます。

現在、世界最強といわれるアマゾンやグーグルのシェアだって、ブロックチェーンの登場により切り崩せるようになるのです。そしてその恩恵を受けるのは、**ちょっと人より早く行動する普通の個人**だったりします。

自己流ではなく成功事例を学んで取り組むことが大切

ただ、何事においても「やり方」というものがあり、間違ったやり方をしては、なかなかうまくいきません。いくら時流に合ったものに取り組んでも、やり方が間違っていれば儲からないのです。ブログでもメールマガジンでも、ツイッターでもユーチューブでも、うまくいく人もいれば失敗する人もいます。これは能力云々というより、**やり方を知っているかどうか**なのです。

新しい稼ぎ方の攻略法は、**ゲームの攻略法と同じ**です。最初は情報がまったくないので、みんな試行錯誤しているのですが、すぐにその中から成功事例が出てきます。そのため、日々情報収集にいそしみ、攻略法を学んで実践していく人が稼げるようになっていく世界なのです。

私や私の仲間たちは長年この研究を続けてきたため、今では数千万から1億以上の収入を得て、**悠々自適の暮らしをしている**人が多くいます。

あなたがこれから始める場合も、自己流でやっているようではなかなか稼げるようにならないでしょう。しかし、この本でこれからお伝えする内容をベースに、私の**メールマガジン**(http://1oken.com/a.html)でシェアしているような最新情報も日々チェックするようになれば、自己流より圧倒的に高い確率で収入を増やしていけるはずです。

「新しい稼ぎ方」は、意外と楽しいものが多い

「ビジネスを始めよう」とか「大企業のシェアを奪おう」「成功事例からしっかり学ぼう」なんていわれると、とても大変なことのように思えるかもしれません。自分で稼ごうとしたことがない人でしたら、そう思ってしまうのも無理はありません。

しかし、新しい仕事には、**意外と楽しい**ものが多かったりします。なぜかというと、先にもお伝えした通り、最近はエンターテインメント関係の仕事が多く、しかも理不尽な上司がおらず面倒な人間関係もなく、**自分のペースで自由に働ける**からです。

もちろん、作業する手間は、ほかの仕事と同じようにかかりますが、人間関係のストレスはほぼゼロにできます。職場環境としては、就職活動中の大学生が憧れるテレビ局や広告代理店などより、よほどよかったりします。具体的には、ブロガーやユーチューバー、オンラインサロンなどの運営者がやっている仕事は、肉体的・精神的にストレスの多い苦しい仕事ではなく、みんなが憧れる芸能人やテレビプロデューサーのような楽しい仕事だったりします。

また、ＳＥＯサイトアフィリエイトや転売ビジネスは、攻略法を調べて試していくゲームのようなものだったりします。ロールプレイングゲームやシミュレーションゲームをリアルに行なう感じで、そのポイントがそのまま使えるお金になるのです。

そのため「ビジネスは難しい」とか「稼ぐのは大変」という古い価値観に縛られて躊躇《ちゅうちょ》する必要はありません。「**趣味の活動を頑張ろう**」とか「**ゲームを**

攻略してみよう」といった気分で取り組めば誰にでもできますし、むしろそういうスタンスで取り組める遊び心のある人のほうが、早く成功できると思います。

川島が本物のノウハウをお伝えできる理由

それでは次章から、具体的に、どんな方法に取り組めば稼げるか、その戦略を一つひとつ紹介していきます。パソコンとインターネットだけでできる**転売ビジネス**や**アフィリエイト**から、**不動産ビジネス**や**会員制ビジネス**まで、さまざまな稼ぎ方をご紹介します。

さらに、会社員はもちろん、医師や弁護士、プロスポーツ選手でもなかなか稼げない**年収1億円を現実的に稼ぐ方法**も多数ご紹介します。

しかも、これらは前述の通り、個人でスタートできて人間関係のストレスがなく、やればやっただけ収入として返ってくるものばかりです。それなりに時間がかかったり、面倒なことがあったりしますが、理不尽なことはほとんどないので気持ちよくできます。また、初期費用をさほど必要とせず、**超低リスク**で行なえます。

なぜ、こういう稼ぎ方をお伝えできるのかといいますと、冒頭でも書いたように、私には情報が入ってくるネットワークがあるからです。私は、12年前に『働かないで年収5160万円稼ぐ方法』という本を出版し、その後も川島塾などセミナーで教えてきました。

その長い活動の結果、教え子や友人は、今では転売ビジネス、アフィリエイト、会員制ビジネス、不動産ビジネス、貿易ビジネスなど各分野のエキスパートになっていて、彼らに最新のノウハウを聞くことができるからです。

これから、多数のエキスパートを紹介していきますが、すでに出版してセミナーを開催している人も多く、その教え子までお金持ちになっている人もたくさんいます。

つまり、本人が成功していて、なおかつその教え子も成功していますので、再現性の高さが**証明済みのノウハウばかり**なのです。あなたも、きちんと取り組めば間違いなく稼げますので、ぜひご期待ください。

Chapter 4

転売で年収1億円稼ぐ方法

こんな人におすすめ！

・せっかちな人
・勉強が苦手な人
・１人で仕事をしたい人

ビジネス初心者に転売がおすすめの理由

●面倒くさい気分さえ乗り越えれば、誰でも簡単にできる！

昔も今も、まだ自分で稼いだことがないビジネス初心者におすすめしているのが、転売です。なぜかというと、転売は、安いものを探して仕入れて高く売るだけの、**宝探しゲームみたいなもの**だからです。はっきりいって、日本語を読むことができれば誰にでもできます。店をたくさんチェックすれば価格差がわかるので、**安く仕入れて高く売ればいいだけ**なのです。

転売のノウハウを教わったときに「できない」という人もいますが、これはできないのではなく「面倒くさいからやりたくない」という感じです。ネットサーフィンをして安く売っている場所を探すだけなので、よほどの面倒くさがりでなければ誰にでもできるのです。

昔は、物を仕入れるには市場に行く必要があり、物を売るには店舗が必要でした。しかし、今は誰でもネットで買ったり売ったりすることができるので、インターネットにつながるスマホかパソコンがあれば、本当に誰にでもできるのです。自宅にいながらできますし、隙間時間にだけ行なうことも可能です。

川島も最初は転売からスタートした

私自身、転売は１９９５年の中学生だった頃からやっていました。今みたいにインターネットが普及していなかったので、フリーマーケットで仕入れて、フリーマーケットで売っていました。フリーマーケット終了時刻は売れ残り品がタダ同然になっているので、そのタイミングで仕入れて、次の週の朝、売るだけで儲かったのです。

それから目利きになっていき、マニアックな古着や、限定品の洋服やスニーカー、レコードなどを仕入れて売っていきました。個人売買情報の『Ｑｕａｎｔｏ』という雑誌があり、そこに記事広告を載せて売ることもありました。

しかし、これは約20年前の話で、今では目利きにならないでも、もっともっと簡単に、ほとんどリスクなくできる方法があります。

まず、今はインターネットがありますので、フリーマーケットに行かなくてもすべて自宅でできます。また、ヤフオクやメルカリ、アマゾンなどがありますので、そこに載せておくだけで、探している人の目に留まります。わざわざ**店を構える必要もセールスする必要もない**のです。

さらに、**価格調査ツール**がありますので、それを使えば目利きでなくても、ほぼ確実に利益が見込める商品がわかります。そして、それを仕入れてアマゾンやメルカリで売るだけで儲けることができるのです。

そのため、ただひたすら、アマゾンやメルカリ、ネットショップを眺めているだけで価格差がわかって儲けることができますし、価格調査ツールを使えば、もっと**効率的に稼げる**ようになります。また、タオバオとかアリババのような海外の安いサイトから仕入れれば、もっと大きな利益を得ることもできますし、資金がなければ不用品を集めてきて売ることから始めることもできます。

そして、月5万円くらいであれば、自己流でもすぐに稼げることでしょう。

しかし、せっかくなら効率的に取り組んで時間をかけずに稼ぎたいことと思いますので、この本では転売の達人のノウハウをお伝えしていきます。エキスパートばかり紹介しても親近感がわかないでしょうから、まずは片手間でやっている主婦のやり方を紹介して、次に、年収数千万円クラスのトッププロのやり方を紹介していきます。

転売の基本は安く仕入れて高く売る

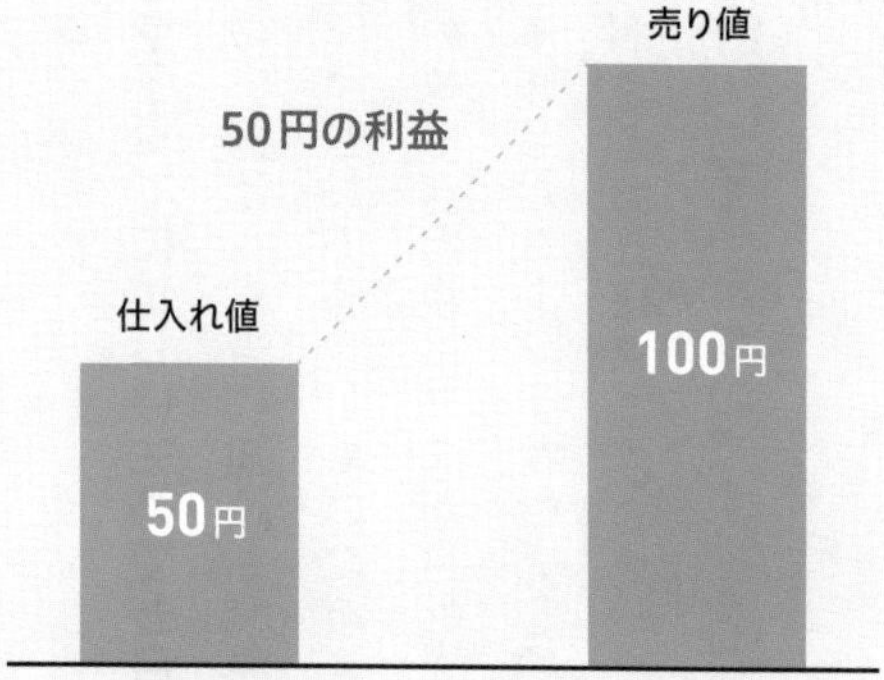

いかに安く仕入れるか、いかに高く売るかが大切
ただそれだけなので、さほど難しい話ではない

主な仕入れ場所

・タオバオ
・アリババ
・ディスカウントストア
・古本屋
・メーカー
・倒産会社

主な売り場所

・アマゾン
・メルカリ
・ヤフオク
・eBay
・実店舗

事例1

田舎暮らしの30代2児のママが年収1000万円に

●家事や子育てに忙しい主婦でも自分のペースでできる

最初の実例は、本当に知識も経験もなく、ビジネス書も読まず、愛知県の田舎町で2児のママとして暮らしていたあきちゃんの話です。あきちゃんは、私の秘書のあゆみどんの妹で、あゆみどんが「転売は儲かるから空き時間にやったほうがいいよ」とアドバイスしたことにより転売を始めました。今の時代の転売は、パソコンとインターネットさえあればできるので、なかなか自宅から出ることができない**子育て主婦に向いている**のです。また、自分のペースでできますので、その点も向いています。

あきちゃんが転売を始めたのは2015年11月で、2016年7月に月収30万円、2017年11月に月収60万円、2018年6月に**月収90万円**になりました。月収90万円というと年収1000万円ペースで、有名大企業の管理職クラスの年収です。

また、子育て優先で楽しくやってきたからこれくらいのペースであり、もし本気でやっていたら、スタートして半年で月収１００万円も可能だったということです。

●中国の問屋サイト、タオバオ、アリババから仕入れる

では、あきちゃんは具体的に何をやっていたのでしょうか？

あきちゃんは、私の秘書である姉のあゆみどんから情報を得ていたこともあり、最初から中国の問屋サイト、**タオバオ**(https://world.taobao.com)や**アリババ**(https://www.1688.com)で仕入れて、日本のアマゾンやメルカリ、ヤフオクで売るスタイルにしました。なぜかというと、「**中国仕入れ、日本販売**」は、「日本仕入れ、日本販売」より、利幅が大きいからです。

ここであなたは「中国のサイトなんて難しそうだな」と思われることでしょう。しかし、あなたのように難しそうだと思う人が多いからいいのです。普通の人は難しそうだからという理由で中国のサイトから買おうとしないので、価格差が発生して商売になるのです。

難しそうだと思う人は多いのですが、実際のところは、中国語のできない普通の主

婦でもできる方法があります。

まず、外国語サイトは、グーグルクロームというブラウザで開くと、**自動的に日本語に翻訳してくれる**ので、それを読めば内容がわかってしまうのです。もちろん、複雑な言葉を完璧に翻訳することはできませんが、ショッピングサイトの商品名やスペック、値段くらいでしたら、わかるように翻訳されます。これで、日本語しかわからなくても、何をいくらで買えるかくらいはわかるようになります。

次に、これを仕入れるとなると、これまた難しそうなイメージがあると思います。ここで登場するのが、**ライトダンス**（http://www.sale-always.com）や**タオバオさくら代行**（http://sakuradk.com）といった仕入れ代行業者なのです。

こうした代行業者を使うと、手間なく**簡単に仕入れ作業を代行**してくれます。販売金額の3％程度といった少額の手数料で、仕入れて検品して日本に送ってくれるのです。つまり、自分がほしいものを日本のネットショップから買う感覚で、中国の問屋サイトから買えるのです。そして、ここから買う日本人が少ないからこそ、日本で転売すると儲かるというわけです。

本書がベストセラーになってやり方が広まった場合、あなたは「やる人が増えたら稼げなくなるのでは？」と思うかもしれません。しかし、約1億人の日本のマーケットはあまりに大きいので、どれだけ広がろうが大丈夫なのです。日本人全員が中国から直接買うことはありえないですし、日本人の1％ですら中国から直接買うことはまずありえないからです。

まったく同じ場所で同じ商品を売った場合、価格競争になることはありえますが、売る場所を少しずらせば、顧客層も変わりますので大丈夫なのです。

●アマゾンやオークファンで、高く売れる商品を見つける

ただ、当然のことながら、何を仕入れても儲かるわけではありません。これは転売の基礎的な話ですが、高く売れるものを安く仕入れるからこそ利益が出るのです。

あきちゃんは、この高く売れる商品をどうやって見つけているのかというと、まず、**アマゾンランキング**でそれなりに回転しているもの（目安として1万位以内）を選んでいます。また、ヤフオクの落札履歴データベースサイトの**オークファン**（https://aucfan.com）を見て、**落札相場や落札頻度**を調べています。

そして、アマゾンやヤフオクで売れている商品と同じものを、タオバオやアリババ

で探して、安く買える場合には仕入れて売るようにしています。

最近はリサーチツールが出ているとはいえ、万能ではないので使っておらず完全に手動です。それでも十分に稼げています。

仕入れた商品はアマゾン、メルカリ、ヤフオクで売る

商品を仕入れたら、次はいかに楽に売るか、です。あきちゃんは現在、アマゾンをメインにして売っています。なぜならアマゾンで売るのが一番楽だからです。

アマゾンの場合、個人であったとしても、マーケットプレイスに出品すれば、まるで業者が出品しているかのように見せかけられます。また、月額4900円のサービスに入れれば、アマゾンの倉庫に荷物を送るだけで、アマゾンが全部配送してくれます。仕入れ代行業者から直接アマゾンに送ることもできるので、配送の手間も一切かかりません。

アマゾンで回転が悪い場合やもっと売りたいときは、メルカリやヤフオクに出して、そちらで売ることもできます。仕入れさえ間違わなければ、出品しておくだけで順次売れていくのです。

というわけで、価格差を調べてから仕入れれば、売れ残りリスクがほとんどありませんので、初心者でも気楽に試してみるといいでしょう。ポケモンGOでポケモンを集めても儲かりませんが、タオバオでお宝探しすればガッポシ儲かります。

●女性なら女性向け商品を！ 自分の強みを活かす

転売する人や輸入する人は男性ばかりで、女性の感覚がわからない人が多いので、女性向け商品を扱うには女性が有利です。あきちゃんが、そんなにガツガツしないでも稼げているのは、この理由も大きいです。

もちろん、まだ転売に慣れていない最初のうちは、しっかりリサーチして**確実に利益を取れる商品を仕入れる**べきです。しかし、転売に慣れてきたら、自分が売れそうだと思った商品を少量仕入れ、テスト販売してみてもいいでしょう。

ちなみに、あきちゃんは、私の秘書のあゆみどんから紹介された『中国《タオバオ》ネット輸入・販売』（ぱる出版）の著者、鈴木正行さんのスクールで商品探しのコツを学び、実力を伸ばしました。

最近は**Amazon輸入物販ユニバーシティ**（https://katosatoshi.jp/blog/）や

BUPPAN!!（http://buppan.bz/lp6/）からも情報を得てトレンドを把握しているとのことです。本格的に取り組む場合には併せてチェックしてみるといいと思います。

事例 2

30代ホテルマンが年収3000万円突破

●転売で成功したのちツールを開発！　本も出版

2人目の実例は、私と同い年の友人の、ねぎちゃんこと根宜正貴さんです。最近『自分ブランドで稼ぎなさい　Amazon中国輸入の教科書』（セルバ出版）という本も出版しています。元ホテルマンなので礼儀正しく頼もしく、みんなの人気者です。

ねぎちゃんが転売を始めたのは2012年7月で、**半年後には月収100万円を突破**しました。その後、独自ツールや別注アイテムを開発したことで、月収300万円ほどをコンスタントに稼げるようになりました。そのため、最近はイクメンパパとして子どもと遊んで暮らしているようです。

ねぎちゃんが転売を始めて、最初の頃に行なったことは、基本的にはあきちゃんと同じです。ネットでリサーチして、アリババやタオバオから仕入れて、アマゾンで売っていました。

しかし、その後、ねぎちゃんは、**リサーチ作業を効率的に行なうツール**を自分で開発し、それを使うことで利益を伸ばしました。

また、別注アイテムを開発し、ライバル不在の商売をすることでさらに利益を伸ばしました。

●オリジナルツール「あまログ」で効率的にリサーチ

まず、どんなツールを開発したのかというと、現在一般公開もしているツール、**あまログ**（https://amalogs.com/）です。

あまログを使うと何ができるのかというと、アマゾンにおいてほかの販売者が「どの商品を」「いくらで」「月何個売っているのか？」を調べることができます。

アマゾンでは販売者ごとに、セラーＩＤというのが割り当てられているのですが、それを入力してボタンを押すだけで、**販売状況がわかってしまう**のです。

たとえば、その販売者の商品のどれが一番売れているかとか、どのくらい売れているかとかが、すべてわかります。

こういったデータがわかったら、あとは同じ商品を仕入れて、同じように出品するだけで、ほかの販売者のシェアの一部を奪うことができます。同じ商品ですので、価格競争になる可能性もありますが、競争相手だって赤字になるまでは値段を下げないので十分に儲けることができます。

ねぎちゃんは、このツールを使うことで月の利益を着々と伸ばし、**月収300万円**レベルにしました。

●別注商品を作って真似されないように対策

次に、ねぎちゃんは、自分がライバルの真似をして出品する一方、真似されないような対策も練りました。何をしたのかというと、**自分が扱っている商品の別注商品を作っていった**のです。

売れ筋商品ができた場合、うかうかしていると、同じ商品をライバルが販売して売り上げが減る可能性があります。その対策として、一般には出回っていない別注商品を作って真似されないようにします。

具体的にどうやって作るのかというと、製造元に連絡して、素材違いやカラー違いを作ってもらい、オリジナルのタグも付けてもらいます。

こんな話を聞くと、大変そうなイメージを思い浮かべてしまうかもしれませんが、これは意外と簡単にできます。どうすればいいのかというと、**トレードチャイナ**（http://trade-china.jp/）というサイトで通訳を探して、通訳の人から連絡してもらうだけです。

このトレードチャイナというサイトは、中国企業との取引に特化したサイトです。そのため、すでに商品開発の手伝いをやったことがある人が多数登録されているので、日本語でメッセージを送るだけで何から何までやってくれます。

これでほかの人が真似できない、**独自の商品を売れるようになる**というわけです。また、もっと作り込めば、**独自ブランド**に育てていくこともできます。今や世界をまたにかけるファストファッションブランドだって、実はここから始まっているのです。

なお、ねぎちゃんの手法は、著書『自分ブランドで稼ぎなさい Amazon中国輸入の教科書』（セルバ出版）に細かい手順まで詳しく書かれています。実際に取り組む場合には、そちらも併せて読んでみることをおすすめします。

事例3 30代主婦が無在庫の転売で年収5000万円

●在庫を持たずに販売する、無在庫転売の女王

3人目の実例は、30代主婦の真山あずささんです。**無在庫転売という方法で月収500万円**も稼いでいます。『Amazon中国輸入ビジネスの極意』（秀和システム）という本も出版しており、無在庫転売の女王と呼ばれています。真山さんが転売を始めたのは2013年6月で、同年12月には月収100万円突破、2014年12月には月収300万円突破、その後月収500万円を超え、多い月は1000万円を超えて現在まで推移しています。

無在庫転売とはどのような方法かというと、在庫を持たないまま商品をインターネ

ット上で販売し、**注文が入ってから仕入れる**方法です。仕入れるといっても、自分の手元に届けるわけではなく、問屋やメーカーから直接お客さんに届くように手配するのです。

無在庫転売のメリットは、まず注文が入ってから仕入れるので**在庫リスクがない**ことです。また、保管する場所も不要なので、荷物が邪魔にならないこと、さらに、**梱包や配送の手間もかからない**ことです。

具体的にはどのようにして無在庫転売しているのかというと、まずタオバオに売られている新しいもので、シーズンに合ったものを次から次へとアマゾンに大量に出品していきます。

仕入れリスクがないため調べる必要がなく、とにかく大量出品すればいいのです。そして、注文が入ってから配送を手配します。そのため、アマゾンでの表記は、発送まで5～10日としており、それに間に合うように手配すればいいのです。

●スタッフを雇って大量出品するのが成功の鍵

大量出品こそが利益拡大の鍵となるため、自分だけでやるよりスタッフを大量に雇ってやってもらったほうが、より稼ぐことができます。スタッフを雇うにしてもオフィスの家賃がもったいないので、在宅でやってもらえる人を探します。

スタッフは、**ランサーズ**（https://www.lancers.jp）や**クラウドワークス**（https://crowdworks.jp）、**シュフティ**（https://app.shufti.jp）といったサイトで探します。そして、その人たちに販促カレンダーを見てもらい、翌月に売れそうなものを次々に登録してもらうわけです。

これで売れたらタオバオから仕入れ、**ALA!中国**（http://china.alaworld.com）やトレードチャイナで募集した現地スタッフのところに送り、その現地スタッフが検品のうえ、日本のお客さんに配送すると完了します。

自分の仕事としては、これらを管理することになるわけですが、利益のめどがついてきたら、管理してくれるマネージャーも雇ってしまえば、もはや**ほとんど不労所得**となっていきます。

なお、大量に登録しても、なかなか売れるものではなく、5000登録で売り上げ50万円が目安です。そのため、初期の頃は人を雇って登録を進めても赤字になる可能性が高くなります。しかしながら、登録を続けていけば、それがプラスになり、**月**

数百万円稼げるようになるというわけです。

無在庫転売は、地道に自分1人の手で作業を続けても成立しますが、それだけだと低賃金長時間労働になりがちです。そのため、時間をかけずに大金を稼ぐためには、スタッフを雇って行なうほうがいいでしょう。

さて、ここまで中国仕入れについてお伝えしてきましたが、次は国内だけでできる転売もご紹介します。

事例4

せどり歴20年の達人は散歩しながら年収5000万円

●せどりなら小学生から稼げる

国内転売といえば、せどり歴20年の浅井輝智朗さんです。「せどり」というのは、古本屋などで安い商品を買って、それを高く売って儲けることを指します。

浅井さんがせどり転売を始めたのはなんと小学6年生の頃で、その頃はゲームを転売して儲けていました。その後、私と同じく個人売買情報誌『Ｑｕａｎｔｏ』で、レトロ本やゲームソフト、Ｇショックを売っていました。２０００年頃からヤフオクで転売を始め、今なお続けているという日本最長レベルのキャリアを持つ、転売のエキスパートです。川島塾で出版する方法を学んで『月10万円ラクに稼げる「ネットせどり」入門』（日本実業出版社）という本も出しています。

そんな浅井さんが、どれくらい稼いでいたのかというと、２０００年から２０１３年頃までは副業として月20万～１００万円くらい、２０１４年に独立してからは、**月200万～500万円**です。

●お宝探しツール「せどりすと」

では、近年はどのように日本国内で安く仕入れているのでしょうか？

店舗の場合は、まず**せどりすと**（http://www.sedolist.info）というアップルやアンドロイドアプリの**お宝探しツール**をスマホに入れます。これは、商品のバーコードを読み取るだけで、アマゾンの販売価格、ランキング順位、転売したらいくら儲かるのか、などが表示されるというものです。

さらに、アマゾンにおける価格推移やランキング推移、出品者数がわかるWEBサービス**モノレート**（https://mnrate.com）とも連携していますので、それらの情報もすぐにわかります。

さらにさらに、アプリ経由で**アマゾンに出品までできてしまう**優れものです。

これを入れたら、ブックオフなどの中古品販売店や、ドン・キホーテ、ヤマダ電機などのディスカウントショップに行きます。

そして、その中でも、特に安くなっている期間限定セール品や在庫処分品をチェックしていきます。また、割引品でなくても、地域限定品や数量限定品は高く売れますので、とにかくどんどんチェックしていきます。

こうしてお宝探しツールせどりすとでスキャンすると、転売益がすぐわかるので、**仕入れて出品して売るだけ**で利益が出ます。ただし、アマゾンで回転していない商品を買ってしまうとなかなか売れないので、目安としてはおおむね**ランキング1万位以内を買う**といいでしょう。

また、ランキング下位でもランキングが大きく変動していれば動いているということですので仕入れて大丈夫です。バーコードスキャンするだけで稼げますので、これこそゲーム感覚で試してみるといいと思います。ポケモンＧＯをやるように楽しく取り組めて、なおかつ稼げます。

初心者でも取り組みやすい理由

ちなみに、国内の店頭で仕入れる転売は、利益率はそれほど高くありません。20％も取れればよいほうで、すごく儲かる商品は多くはありません。本格的に店舗仕入れに取り組んでも、１人だけで動いていたら月１００万円がいいところです。これは個人でやる分にはいいのですが、法人として取り組むには不十分な金額なのです。

そのため、稼げるようになったせどりの達人の多くは、せどりを引退して、もっと本格的な転売に活動の場を移していきます。また、組織化してせどりに取り組む人もほとんどいません。

しかし逆に、達人は引退してしまうとか、本格的なせどりグループが少ないという点が、初心者の個人には都合がいいということもあります。強力なライバルがいたら稼ぐのが大変なところ、ライバルが少なくなるからです。だからこそ、浅井さんは小学生から稼げていましたし、私も中学生から稼げていたというわけです。

なお、浅井さん自身、今はネットメインで、昔はよくやっていたけど、店舗は出かけたついでにしかやらないとのことです。

●ネット仕入れはツールで大量検索

さて、続いて国内ネット仕入れです。ネットで仕入れるには、**セドリオン**(https://sedorion.com/)がおすすめです。

これを使うと、なんとネット上に存在している**40万店舗の商品を検索することができます**。そして、価格差情報やアマゾンランキング推移を表示することができます。さらに、自分の仕入れ基準を入力しておけば、それに合うものだけ表示することも可能です。

ただ、検索できるのは店舗ごとで、検索するのにやや時間がかかります。だからこそ、多くの人が使っても、みんな稼げるのですが、大金を稼ぐにはパソコンをたくさん用意して、たくさん検索する必要があります。

駆け出しの人は仕入れに使えるお金がそれほどないでしょうから、パソコン1台で十分でしょう。しかし、規模を拡大していく際にはパソコンも増やして対策していく必要があります。

なお、これは誰にでも簡単に楽しくできることなので、スタッフを雇ってやらせても、そのスタッフがやめて自分で稼ぐようになってしまいます。組織的に行なうには、やめなさそうな人を選んで雇うか、家族経営でやるほうが賢明です。

仕入れた商品を売る場合、国内転売でもアマゾンが基本です。しかし、当然のことながら売る場所が多いほうが、早く多く売ることができます。

さまざまな場所で同時に売るには**クロスマ**（旧アマヤフ）（https://heibaisystem.com/crossma/）というツールが便利です。これを使うと、アマゾンだけではなく**Yahoo!ショッピング**（https://shopping.yahoo.co.jp）や楽天市場で併売できます。そして、どれかに注文が入ると、自動的にすべてのサイトから取り下げ、さらにアマゾン倉庫から発送されるようにシグナルを送ってくれます。

やはりアマゾンだけに出品する人が多く、ここは競争も起きやすいので、ほかにも同時出品すると売れる確率が上がっていいのです。

●目利きになれば当然もっと儲かる

一般的には、1人では月100万円がいいところといわれるせどりにおいて、なぜ浅井さんが**たった1人で月500万円**も稼げるのか？

それは長年の経験から、今後**値上がりする商品がわかる**からです。今は大量に買えるけど、近い将来値上がりする商品なら、安く大量に仕入れることが可能です。そしてそれを寝かせておいて、値段が上がってから大量に売るのです。

だからこそ浅井さんは、利益率も低く組織化しにくい国内転売で、月500万円も稼げています。未来のことまで読めるようになれば、国内転売でも、かなりリッチになれますね。

事例5 国内転売を極めて年収1億円

●組織化を進めて事業を急拡大

最後に、国内転売を極めた日系ペルー人で『年商20億円かせぐ！ Amazonせどりの王道』（秀和システム）の著者であり、最近はアマゾンリサーチツール「イーリサ」も開発したマニエル・オオタケさんをご紹介します。

マニエルさんは、2012年に副業として国内転売（せどり）を始め、初月から月20万円を稼ぎ、3カ月連続でコンスタントに稼げたので、会社をやめて転売に集中するようになりました。そして2カ月後には月収70万円を達成し、翌年には**月収100万円を超えました。**

その後、ほかの人と違ったのは、早期に**組織化していった**ところです。当初は家族に手伝ってもらっていたところ、梱包作業を出品代行業者に外注するようにし、バイトやパートを雇うようになりました。

そして2014年には組織化した結果が出てきて月収300万円を達成、さらに2017年からは**月収1000万円を超える**ようになっています。また、規模の拡大に伴い、メーカーから直接仕入れたり、倒産寸前企業から現金で格安大量仕入れをするようになり、現在さらに利益を増やしています。

どんなツールやサービスを使ってきたのかというと、せどりすとや**プライスター**（https://pricetar.com/lp/pricetarlp/）、**オークファンプロPlus**（https://nbiz.aucfan.com/product/proplus/）や**テラピーク**（https://www.terapeak.jp）です。

また、外注先は、ランサーズやクラウドワークスで探しました。この詳細につきましては、前出の真山さんのパートで紹介していますので詳しい内容は割愛します。

●直接交渉することで独自の仕入れルートを作る

その後、事業を本格化させるために行なったのは、国内メーカーに問い合わせて**直接仕入れ交渉**したり、**ネット上での独占販売権を得られないか交渉**したりしたことです。その結果、現在の取引先はなんと1000社、そしてネット上での独占販売権を得ている商品は、100以上になっています。日本にはまだまだネットに弱いメーカーがありますので、そうしたメーカーを百貨店などで探して、ネット販売を任せてもらっている形になります。

それから、在庫を抱えたまま事業撤退する会社や、倒産寸前の会社の情報を探し、そこに行って現金買取を提案して大量格安仕入れもしています。これにより、原価よりかなり安く、定価の98％引きのような**タダ同然の価格で仕入れる**ことができています。

というわけで、マニエルさんがすごいのは、人と会って交渉する労力を惜しまず、独自の仕入れルートを次々に作っていったところにあります。転売は、ただ買ってきて売るのが基本ですが、それ以上の利益を求めようとする場合には、やはり**交渉して安く大量に仕入れる**ことが必要になってきます。

Chapter 5

アフィリエイトで年収1億円稼ぐ方法

こんな人におすすめ！

- なんでもコツコツできる人
- 文章を書くのが好きな人
- 調べ物が得意な人

ネットビジネスの王道、アフィリエイトとは？

●家にいながらネット上で営業できる

ネットビジネスの王道といえば、今も昔もアフィリエイトです。アフィリエイトはインターネットにつながったパソコンさえあれば誰でもできる、**現代の錬金術**です。

自分のSNSやブログ、メールマガジンで、何か商品を紹介して、それが売れたら販売謝礼がもらえるというものです。いわゆる歩合営業をインターネット上で行なうのがアフィリエイトです。

1万円の商品を売ったら3000円もらえるような案件が基本ですが、ほかには1アクセス送ったら数円もらえる案件や、1アドレス登録してくれたら2000円もらえるなどの案件もあります。私のメールマガジンもアフィリエイターさんに紹介してもらっていて、1アドレス1000～2000円くらいでやっています。こういった案件は「アフィリエイトASP」と検索して、たくさんのASP（アフィリエイトサ

アフィリエイトの基本はアクセス集めと商品選び

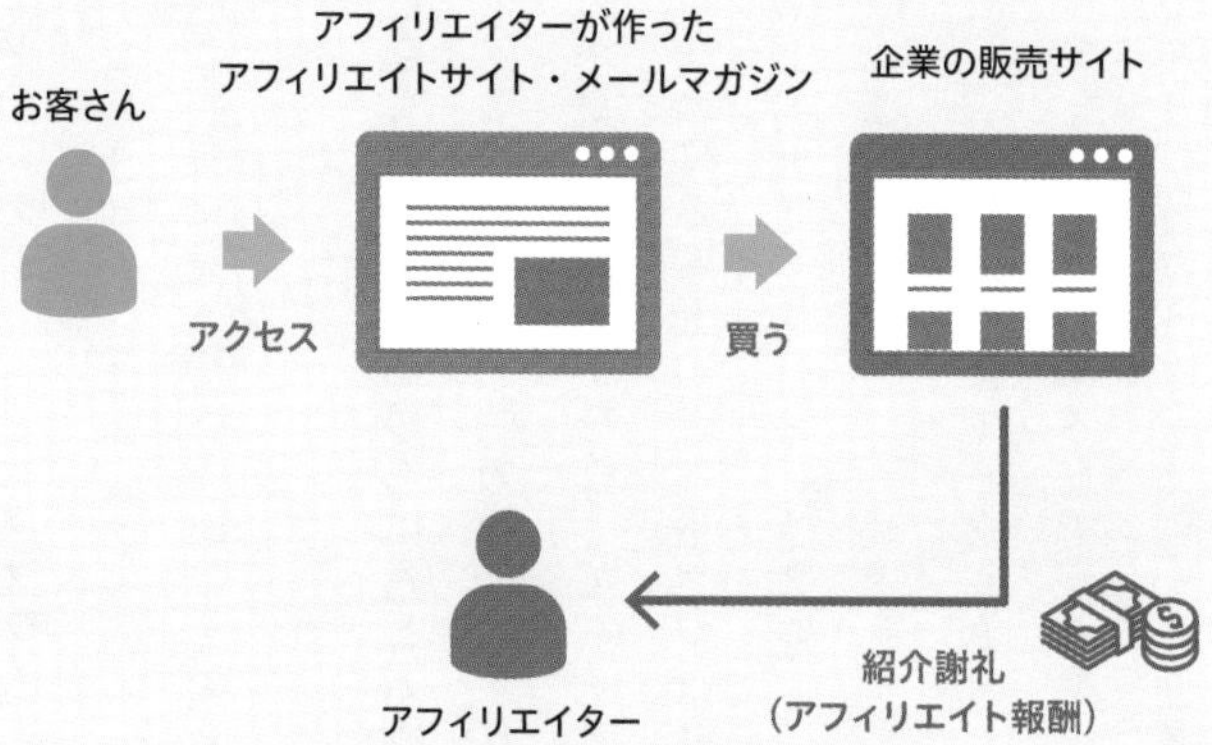

・何か商品を売ると販売価格の20～30%もらえる

・アクセスを送るだけで、数円もらえるものもある

・メールアドレスを登録するだけで、
1000～2000円のものもある

ポイントは…

・アクセスをたくさん集めること
・単価の高い案件を扱うこと
・購買意欲を高める誘導文を書くこと

ービスプロバイダ）に登録すると見つけることができます。

最近はツイッター、インスタグラム、ユーチューブなどでフォロワーを増やすことが流行っていますが、これにアフィリエイトを組み合わせると、**フォローやアクセスをお金に換える**ことができるのです。

●なんとなくやっているうちは月5万円で頭打ち

私がアフィリエイトを始めたのは２００４年頃です。最初は、検索エンジン経由でアクセスが集まるサイトを作って、そこにアフィリエイト広告を張ることで儲けていました。いわゆるＳＥＯサイトアフィリエイトです。当時は文章を書くのも下手でしたし、ＷＥＢサイトを作るのも本を見ながらでしたが、始めて**すぐに月３万円**くらいは稼げました。

しかし、これはあくまで、なんとなく作ったサイトにアフィリエイト広告を張ってみただけで、アフィリエイトで稼ぐために作ったサイトではありませんでした。今も昔もそうですが、なんとなく作ったサイトでアフィリエイトをしても、それほど大きくは稼げません。趣味で楽しくやっていても月5万円くらいは稼ぐことができるのですが、そこで頭打ちになってしまうのです。

その後、アフィリエイトで稼ぐには、アフィリエイト報酬の高い案件を扱うべきだとわかったため、その案件に合ったサイトを作りました。当時はクレジットカードを新規契約してもらうと5000円とか1万円の高額なアフィリエイト報酬が得られたので、そういったものを紹介するサイトを作っていったのです。

その頃は、競争もあまりなかったこともあり、作ったサイトが1カ月後には検索結果の上位に表示されて、**10万円とか20万円**を生み出してくれました。

お金より大切な価値あるもの

次に私は、集まったアクセスをメールマガジンに登録してもらうように誘導しました。なぜかというと、メールマガジンに登録してもらえれば、こちらから何度もアプローチすることが可能だからです。

通常、たまたまWEBサイトを訪れた人は、もう二度と戻ってきてくれません。インターネット上にはWEBサイトが無数にあるので、通り過ぎたら二度と戻ってこないことが多いのです。しかし、一度訪れたときにメールアドレスを残してもらえれば、その後こちらから連絡できるのです。

江戸商人は火事になったときに、**お金より顧客帳簿**を第一に持って逃げたなんて話がありますが、見込み客への連絡手段さえあれば、お金はいくらでも生み出せるので、それは大切なことなのです。

メールマガジンを始めた私は、当初は自分のWEBサイトだけから集めていましたが、徐々にありとあらゆる手段を使って集めるようになりました。ヤフオクの商品説明欄や、ほかの人のブログのコメント欄、さまざまな分野の掲示板、ほかのメールマガジンとの相互紹介、無料レポートスタンドなどを使って読者数を増やしました。

最初はお金がなかったので、無料で投稿できる場所に自分の宣伝を投稿しました。次に、資金ができてからは、広告を出して増やすことも始めました。その結果、日本一のメールマガジン発行スタンド「まぐまぐ！」で総合ランキング1位になるほどの読者数となったわけです。

メールマガジンが生み出すアフィリエイト報酬と、メールマガジンの広告枠を売る広告収入の合計は、２００７年には年間５０００万円くらいになり、２００９年頃から現在に至るまでは、少ないときでも**年間1億円以上**、多いときには**2億円**

近くなっています。私が払う広告費は、年平均2000万〜3000万円くらいだと思いますが、それでもこれだけの利益が残っています。このメールマガジンが生み出す広告収入が莫大なため、私は10年連続で**個人年収1億円以上**となっているわけです。

さて、そんなわけで私は、2004年から今までずっと現役でアフィリエイトで稼いでおり、その関係でたくさんのアフィリエイターと知り合ってきました。

私の12年前の著書『働かないで年収5160万円稼ぐ方法』が、アフィリエイト関連書籍で歴代日本一の販売部数だったこともあり、いろんな人とつながっているのです。

そこで、この章では、どんなアフィリエイトに、どのように取り組めば年間数千万円から億のお金を稼げるかを解説していきます。

●ツイッターとインスタグラムアフィリエイトが稼げない理由

本題に入る前に、ツイッターやインスタグラム、ユーチューブ単体で稼ぎたいというニーズが多いので、先にそちらの話をします。結論からいうと、それで年間数千万円稼ぐのは難しいのです。日本にそのような人はほぼいないと思います。

なぜかというと、ツイッターはアルゴリズム上、人気投稿が優先的に表示されるため、アフィリエイトしている時点で人気が出なくてほとんど表示されないからです。インスタグラムは、アップした写真に文字も添えられるSNSですが、リンクを貼ってクリックされるようにしても、リンク先に飛ばないように設定されているので、アフィリエイトは不可能に近いのです。ユーチューブは規約上アフィリエイト禁止になっているため、アフィリエイトしているとアカウント削除されてしまいます。

というわけで、アフィリエイトで稼ぐには、ツイッターとインスタグラム、ユーチューブは不向きで、今なお**WEBサイトかメールマガジン**のほうが向いています。そのため、この本では、SEOサイトアフィリエイト、メルマガアフィリエイトの稼ぎ方について順番に解説していきましょう。

まず、アフィリエイトの王道であるSEOサイトアフィリエイトです。私も最初はこれから始めましたが、今は現役でやっていませんので、川島塾メンバーにご協力いただいて、現役実践者のノウハウをお届けします。

事例1

サイトアフィリエイトで年収3000万円の40代筋肉マン

●筋トレや語学学習好きの人に向いている

最初の実例は、趣味がサイトアフィリエイトと筋トレの丹治《たんじ》さんです。丹治さんは川島塾の初期からのメンバーで、筋骨隆々とした40代の筋肉マンです。

丹治さんがサイトアフィリエイトを始めたのは2008年7月です。1年後の2009年6月に月収15万円、約2年後の2010年5月に月収50万円という感じで、立ち上がりは遅かったようです。

しかしながら2011年8月に月収100万円、2015年8月に月収200万円、2018年11月に**月収300万円**と着実に利益を伸ばしています。

サイトアフィリエイトは考えることはあまりないのですが、コツコツ大量に**時間をかけて作業に取り組む**必要があります。また、結果が出るまでに時間がかかります。それはまるで、筋トレや語学学習のようで、すぐに結果を求める人には向いていませんが、一つひとつ積み上げていくことが好きな人には向いています。

私は、裏技を探して時間をかけずに結果を手に入れたい人なので、サイトアフィリエイトをやめてしまいましたが、丹治さんはコツコツ取り組むことが好きなので、これに向いていたというわけです。

性格も、ライフスタイルも、好みも人それぞれなので、あなたも自分に合った稼ぎ方を選ぶといいでしょう。

今は裏技より正攻法で取り組む時代

さて、本題に戻ってサイトアフィリエイトのノウハウをお伝えしていきます。まず、サイトアフィリエイトの効果的な取り組み方は昔と今とでは異なります。

なぜかというと、昔はグーグルなどの検索エンジンが今ほど賢くなかったので、たくさんの裏技が通用したからです。そのため、一時期は、検索結果上位のほとんどが、役に立たないアフィリエイト目的のサイトなんてことがありました。

しかし、今はグーグルなどの検索エンジンが優秀になったため、上位表示されるのは、役に立つサイトが中心になっています。

グーグルは、そのサイトを訪問した人の滞在時間や、読んだページ数などもデータとして取っているため、すぐ閉じられるようなサイトは、今や上位に表示されなくなったのです。

ですから、アフィリエイトサイトを作るには、ある程度ボリュームがあって、本当に役立つ情報サイトを真面目に作ることが基本となります。「日記ブログ」でもなく、「ちょっと役立つ記事」でもなく、「**本当に役に立つ本格的な情報サイト**」を作ることが長く収益を生み出し続ける秘訣です。

●意外に簡単！ アフィリエイトサイトの作り方

これを丹治さんはどのように行なっているのか？ ＷＥＢサイトを作った経験がない人でもわかるように、一連の流れを説明します。

ゼロから新しいＷＥＢサイトを作ってインターネット上に公開するには、まずサーバーを借りて、住所となるドメインを契約します。サーバーはＷＥＢページを置く場所のことで、自分で巨大パソコンを買ってもいいのですが、通常はスペースを間借りします。ドメインはインターネット上の住所で、〇〇.com、〇〇.net、〇〇.jpなどです。

丹治さんの場合、サーバーレンタルは**ロリポップ**（https://lolipop.jp）、ドメイン手配は**ムームードメイン**（https://muumuu-domain.com）を使っています。両者とも有名で間違いありませんが、はっきりいってどこでもいいでしょう。

このまっさらなところに、ゼロから新しくサイトを作ります。丹治さんは、サイト作成するときに**SIRIUS**（https://sirius-html.com）というツールを使っています。これは2万4800円しますが、これを使うことでサイト作成の知識がなくても簡単に作ることができます。ちなみに、SIRIUSは古いものの大ヒットした定番ツールで、昔からやっている実力派サイトアフィリエイターはこれを使っている人が多いようです。

資金がない場合には、こういった有料ツールを使わずにすべて手動で作ることも可能です。ある程度稼いでから、手間を省くために、**必要に応じてツールを導入**していってもいいでしょう。また、現在はさまざまなツールが出ていますので、随時ネットで調べて試してみることをおすすめします。

●報酬の得られやすいジャンルやキーワードをリサーチする

サイトを作る場所とツールを用意したら、次にどんな内容のサイトを作るかリサーチしながら考えます。何を考えるのかというと、次の2点です。

競合が少なくて上位表示が狙いやすく、なおかつアフィリエイト報酬が得られやすいジャンルやキーワードは何か？

どんな内容だったら、情熱を持ってサイト作成に取り組めるか？

この2点がとても重要で、これを間違えてしまうと、その後のすべての行動が水の泡になってしまいます。具体的に、どうやって考えればいいのかというと、まず**読書して基礎知識を身に付けます**。丹治さんおすすめの学び方としては、次の本を読むといいとのことです。

『アフィリエイトで年3000万稼ぐ人の広告主が書けない検索キーワード発想法』（中村貞文・秀和システム）、『アフィリエイトで月100万円確実に稼ぐ方法』（伊藤哲哉・中経出版）、『現役ASP役員が教える本当に稼げるアフィリエイト アクセス数・コンバージョン率が1・5倍UPするプロの技48』（納谷朗裕ほか・ソーテック社）。

これらを読んで基礎知識を身に付けたうえで、自分はどのジャンルやキーワードを攻めていくか**戦略を立てる**ようにします。

●需要があり興味もある分野で、価値あるコンテンツを作る

基礎を学んだら、自分はどんな分野のサイトを作るべきか候補を絞って選んでいきます。ある程度需要がある分野で、なおかつ自分が興味を持てる分野のサイトを選んでいくのです。

なぜかというと、最初は資金がなく記事を外注できないので、自分で構成を考えたり記事を書いたりする必要があるからです。そして、そのときに、まったく知らない分野のサイトを作ろうとしても、質の高いサイトを作ることができないからです。

株式投資をやったことがない人が、株情報のサイトを作ろうとしても、なかなかいいものは作れないでしょう。しかし、趣味で釣りをやっている人が、釣りの情報サイトを作れば、それなりにいいものを作ることができるのです。

しかも、その人がより詳しく釣りについて調べてまとめれば、本当にいいサイトを作ることができます。

釣りのいい情報とアフィリエイトサイト作成の知識の両方があれば、検索結果の上位表示が可能です。そして、インターネットの世界では、その分野のご意見番になれて、アクセスも集まって、そこにＡＳＰから取得したアフィリエイトリンクを貼れば、

収入も得られるようになっていきます。もちろん、自分を出さずに完全匿名で運営することも可能です。

●SEO対策も裏技より正攻法の時代

記事を書いて、WEBサイトに適当に並べただけでは、残念ながら検索結果の上位に表示されません。グーグルが奨励するスタイルに並べる必要があるのです。どんなスタイルが奨励されているのかは時代によって異なりますし、グーグルが公式に発表しているスタイルもあれば、非公開のものもあります。

なぜグーグルなのかというと、今やヤフーもグーグルのシステムを使っているため、日本における検索エンジンのシェアは9割以上グーグルとなっているからです。

具体的にはどのように行なえばいいのかといえば、**SEO内部対策**と検索すると、その詳しい手順を知ることができます。グーグルが奨励するスタイルは時代によってやや変わるので、随時調べて合わせることが大切です。

たとえば、最近は、パソコンサイトではなくモバイルサイトの評価を上げる方向へと進んでいるので、両方の対策をする必要が出てきています。

ＳＥＯ内部対策を行ない、グーグルのシステムが、そのＷＥＢサイトを評価しやすいように情報配置したら、グーグルに報告して、グーグルのシステムに定期的に巡回してもらうようにします。これでようやく、誰も知らないサイトから、少なくともグーグルは知るサイトになります。

次に、外部対策を行ないます。これも**SEO外部対策**と検索すると、その詳しい手順を知ることができます。現在の外部対策は主に２つで、グーグルが高く評価するサイトからリンクをもらっているかどうかと、ＳＮＳなどで拡散されているかどうかです。有用なサイトだったら、ほかの人が紹介するので、それが評価基準になっているわけです。

なお、この特性を活かして、以前はこのリンクを張るサービスが売られていましたし、それを購入して被リンクを増やす行為は有効でした。しかし、それはあくまで自作自演ですので、最近はグーグルが取り締まっていて、バレてしまった場合にはペナルティーを受けるようになっています。今の時代は**グーグルが嫌がる裏技は使わない**ほうが賢明といえるでしょう。

ＳＥＯの基本は以上ですが、ＳＥＯは奥深い世界ですので、取り組むにあたっては専門書や専門サイトでしっかり学ぶことが大切です。

●資金ができたら、記事を外注化する

ある程度資金ができたら、**記事を外注化**すると、アフィリエイトサイトを量産できます。やはり一番時間がかかるのは記事の作成だからです。

外注する場合、一番確実なのは親戚や友達、およびその紹介です。というのも、つながりがあったほうが真面目に働いてくれる確率が高いからです。

しかしながら、そういうつながりがない場合は、ランサーズやクラウドワークスといった外注サイトで検索して、試しに少し仕事を任せてみて、いい人だけ残すといいでしょう。

また、得意分野は人それぞれなので、作りたいサイトに合わせて人を探すことをおすすめします。文章を書くのが好きで、時間の融通が利く主婦などに外注すれば、低価格で高品質な記事を手に入れることができます。

以上がSEOサイトアフィリエイトで稼ぐ一連の流れですが、丹治さんは**最新**

情報の収集も怠りません。

丹治さんが日々参考としている情報源は、インターネット上の**SEO関連情報サイト**はもちろんのこと、**リアルのイベント**から得られる情報です。

A8.net、アフィリエイトB、JANet、レントラックス、アフィリエイトフレンズなどASP（アフィリエイトサービスプロバイダ）のセミナーやイベントに行って最新の情報を仕入れています。また、セミナーで大勢に話される内容だけではなく、社員の方とコミュニケーションを取ることで、さらに詳しい最新情報を聞いています。

やはり、本当に有益な情報は**ネットではなくリアルの場**にありますので、できる限り足を運んでみるといいでしょう。

事例2

20代手取り月13万円男子が年収1億円に

● 始める前に徹底的にリサーチ

続いて、同じくサイトアフィリエイトで稼いでいるものの、少し違ったやり方をしている正田《しょうだ》さんをご紹介します。正田さんは、もともと酒屋さんでお酒を運ぶ手取り月13万円の仕事をしていたところ、アフィリエイトに出合って人生が変わりました。今ではお金を生み出すサイトをたくさん所有していて、**何もしないでも月収1000万円**という悠々自適の生活をしています。

正田さんの戦略は、誰も狙わないような超ニッチなキーワードを攻めるというものです。正田さんはこのやり方を2013年8月に始めて、最初はなかなか表示されなかったものの、2015年1月に月収100万円、2015年9月に月収300万円、2016年1月に月収700万円、2016年3月に月収1000万円と爆発的に利益を増やしました。

具体的にはどうやったのかというと、まず、最初はアフィリエイトで稼いでいる人に直接会いに行き、生の情報を集めました。実際の作業に取り組む前に、**本当に稼いでいる人の生の情報**をしっかり集め、戦略を練っていったのです。

●超ニッチキーワード戦略で、ライバル不在市場を狙う

そして、実力派アフィリエイターに負けない方法として思いついたのが、超ニッチを攻めるという方法です。メジャーなキーワードはすでに競争が厳しく、ニッチなキーワードを攻める人が増えていた中、正田さんは完全にライバルがいない、超ニッチなキーワードを攻める戦略を選んだのです。

具体的には、通常ニッチといっても「海外レンタルwi-fi　おすすめ」とか「海外レンタルwi-fi　安い」くらいまでのところを、正田さんは「wi-fiレンタル　ボリビア」や「海外wi-fi　容量3人」のように、もっとニッチなキーワードを攻めていきました。

また、そういったキーワードを使ってバラバラにサイトを作成するのではなく、ジャンルごとにまとめて、とてつもなく**ページ数の多い詳しいサイト群**を作っていきました。

さらに、ただニッチなキーワードを攻めてもきりがないので、緊急性や購買意欲を考えて、それらが高いものを作ってきました。より**具体的で、商品やサービスにつながるキーワード**を攻めていったのです。

その結果、アクセス数が低くても、成約率が高くて儲かるサイトが次々にできてい

サイトアフィリエイトの作業ステップ

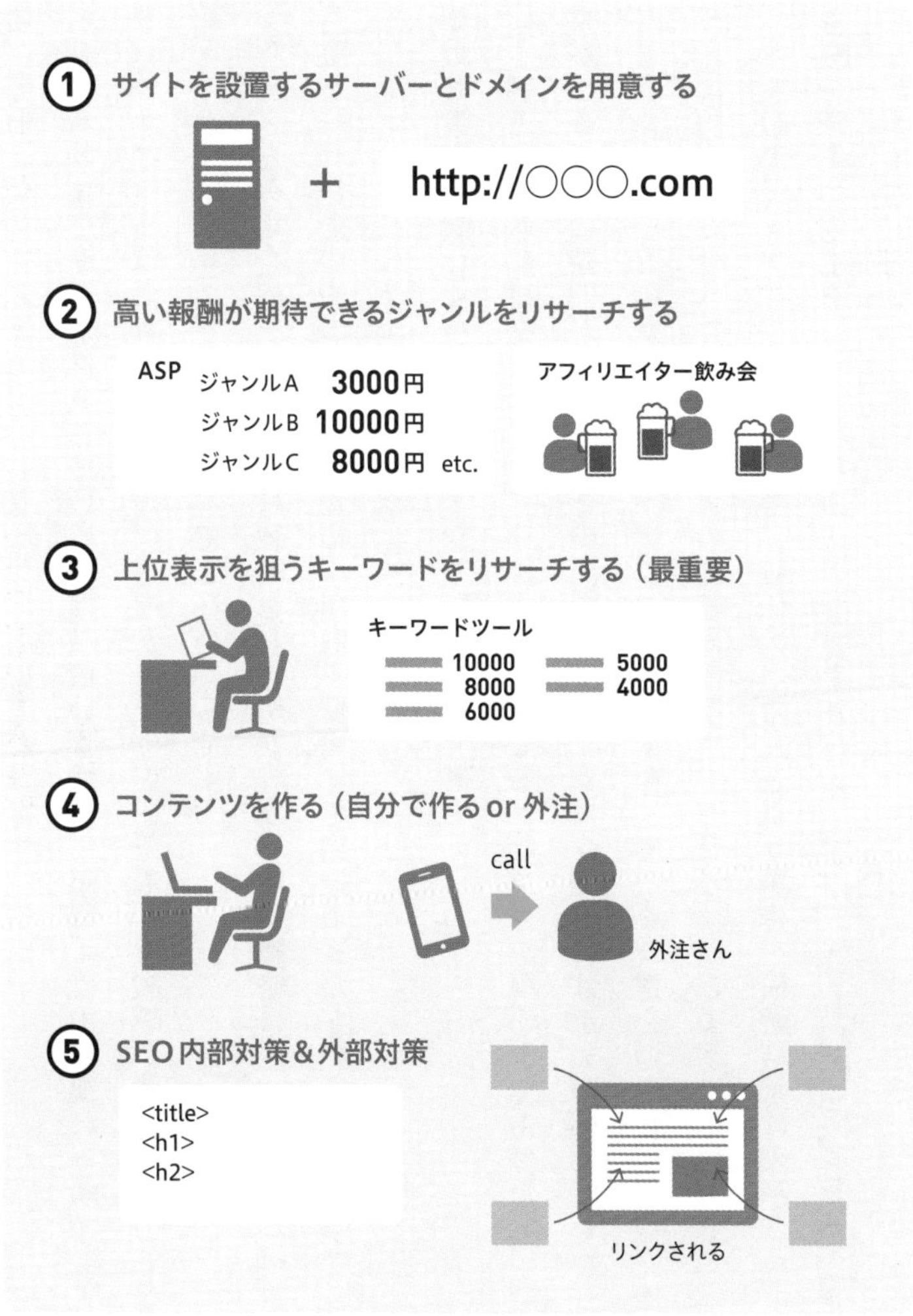

き、年収1億円を超えるようになった、というわけです。

朝から晩までサイト作成している人は結構いますが、年収1億円になれるサイトアフィリエイターは滅多にいません。なぜかというと、そもそも戦略が強力なものでないと、わずか数年でそこまで到達できないからです。

正田さんの場合は、まず最初に戦略をしっかり練り、その戦略に沿って、やるべき行動を一つひとつやっていったため、年収1億円まで到達できたというわけです。

戦略策定と同じくらいモチベーション維持が大事

正田さんの戦略は通常のアフィリエイトよりビッグなプロジェクトであった分、結果が出るまでに時間がかかり、その間のモチベーション維持には工夫が必要でした。

どうやっていたのかというと、アフィリエイトをしている友達を増やし、情報交換や近況報告をし合うことで、未来の高収入を信じて作業し続けるようにしたのです。

SEOサイトアフィリエイトで、特に大当たりを狙う場合、検索結果に表示されて報酬が発生するまでに、かなりの時間を要するため、**モチベーションを保つ**ことがとても大切なのです。

それから、最初は超ニッチキーワード戦略に集中していたものの、ある程度稼げるようになってからは、月間検索回数の多いビッグキーワードにもチャレンジするようになっています。実力が付いてきたため、競争の厳しい場所でも勝負できるようになってきたからです。

アフィリエイトを学ぶ際に参考になった本は『アフィリエイトで年3000万稼ぐ人の広告主が書けない検索キーワード発想法』（中村貞文・秀和システム）と『沈黙のWebマーケティング』（松尾茂起・エムディエヌコーポレーション）という本です。『アフィリエイトで年3000万稼ぐ人の広告主が書けない検索キーワード発想法』は、アマゾンレビューはかなり低いのですが、丹治さんも正田さんもおすすめしているので、プロから見ると役立つ情報満載の良書ということですね。

●正田さんのやり方はトップシークレットだった

ここまでに書いてしまった正田さんのノウハウは、これまで**トップシークレット**でした。稼いでいると本人は言っていたのですが内容を明かさないため、「嘘なんじゃないの」と疑う人もいたくらいです。また、やり方を聞いても、本人は長いこと教えてくれませんでした。

しかし、川島塾仲間で楽しく遊んでいるうちに、正田さんと親しくなった人が出てきて、そのうち何人かが教えてもらえることになりました。その結果どうなったのかというと、たとえば当時20歳で大学生だったコマタク君は、わずか1年半で月収600万円になってしまったのです。

これにより疑惑が払拭《ふっしょく》され、本当に**すごすぎる男**として、みんなから評価されるようになりました。また、私も半信半疑でしたが、正田さんから学んだ人が結果を出しているのを見て信じるようになりました。

今回、私が本を書くにあたり、正田さんのノウハウを公開していいか、本人に聞いたら断られるかなと思っていました。しかしながら、今やかなり余裕がある正田さんからOKが出ましたので、ここに公開した次第です。

アフィリエイトにこれから取り組む人は、正田さんのノウハウの何がすごいのかわからないかもしれません。しかし、真剣に取り組んだことがある人でしたら、正田さんのノウハウのすごさがわかるはずです。

事例3

川島はメルマガアフィリエイトで年収1億円

●メールマガジンを使うと利益を倍増させることができる

SEOサイトアフィリエイトに続きまして、メールマガジンアフィリエイトをご紹介します。これは、冒頭にも書いたように、キャリアも実績も私が日本トップレベルですので、私自身が解説します。私の年間アフィリエイト報酬には波がありますが、この5年を振り返ると、少ないときでも5000万円以上、多いときは1億円以上になっています。アフィリエイトに使える枠を広告としても売っており、その分を加えるとさらに年間5000万~7000万円プラスされ、**メールマガジンがもたらす収入は年間1・2億円から1・7億円**で推移しています。

メールマガジン（通称メルマガ）とは何かというと、購読希望者がメールアドレスを登録しておくと、発行者から定期的にメールでお役立ち情報が送られてくるものです。ネットビジネスや恋愛、投資、英語、政治など、さまざまな分野のメールマガジンが世の中には存在しています。

発行者は、登録者に対し数千通から数万通のメールマガジンを一斉に送ることができます。私は当初**まぐまぐ**（https://www.mag2.com）でメールマガジンを配信していましたが、その後、**エキスパ**（https://ex-pa.jp）も使うようになりました。今は独自開発した**Apple/Androidアプリ**（http://khkhk.com/ap.html）でも配信しています。

メルマガアフィリエイトの最大の特徴としては、一度登録してくれた読者さんに、こちらから**何度でも連絡できる**ことが挙げられます。読者さんが発行者のことや商品のことを忘れていたとしても、こちらからメッセージを送ることでまた見てもらうことができるのです。

サイトアフィリエイトの場合、読者さんが去ってしまったら、それっきりになることがほとんどです。しかし、メルマガアフィリエイトは、読者さんのメッセージフォルダに直接連絡することができるため、解除されるまで必ずタイトルは見てもらえますし、気になるタイトルだった場合は内容もしっかり見てもらえます。

そのため、通常のサイトアフィリエイトだと1回しか営業できないところ、メルマガアフィリエイトだと3回とか5回とか繰り返し営業することができます。その結果、**買ってくれる確率が上がり**、利益が2倍にも3倍にもなっていくわけです。

●無料でメルマガ読者を増やす方法

メールマガジンを立ち上げたとしても、購読者数がゼロ人では、配信できません。読んでくれる人を増やさないことには書く意味がないのです。そこで、**読者さんの増やし方**について解説していきます。

まず基本となるのは、自分の運営しているサイトで集めることです。自分が何かサイトを運営していたり、ＳＮＳのアカウントを持っていたりするのであれば、そこで集めるようにします。

どのようにして集めるのかというと、「最新情報はメールマガジンで配信していきます」とか、「もっと詳しい情報はメールマガジンで配信しています」などと書くようにします。すると、興味を持った人が登録してくれます。

これに加え、「今登録してくださった方にはセミナー音声をお付けします」などと**特典を付ける**ようにすると、より多くの人が登録してくれます。

そもそもサイトを持っていない場合は、サイトを作ってSEO対策します。SNSアカウントの人気がない場合は、そのアカウントを使って大量の友達申請やフォローをし、文章や写真、動画を頻繁に投稿して、人気を上げていくようにします。そして、集まってきた人をメールマガジンに誘導するのです。

メルマガ読者は、自分のサイト以外でも集めることができます。自分が投稿できる場所でしたら、ありとあらゆる場所に宣伝投稿できるからです。

具体的にはどんな場所かというと、ほかの人のSNSやブログのコメント欄、ライングループやフェイスブックグループなどです。また、最近はあまり見かけませんが、掲示板や商品販売サイトの説明欄などから誘導することもできます。

この場合、直接メールマガジンの宣伝を書いてしまうと、スパムとみなされブロックやアカウント削除されてしまうリスクがあります。そのためスパムと思われないように書き方に気を付け、まずは自分のSNSアカウントやWEBサイトに飛んでもらえるように誘導します。

自分のアカウントにアクセスを誘導できたら、そのままメールマガジンに登録してもらうか、まずはそのSNSアカウントをフォローしてもらうように誘導します。何も残してもらえなければ、それっきりになってしまいますので、とにかく**何かしらのつながりを作る**のです。

フェイスブックとツイッターの場合、トップにも投稿にもURLを掲載できますので、その両方に**メルマガ登録リンク**を置きます。インスタグラムの場合、トップにしかURLを掲載できませんので、そこにメルマガ登録リンクを置きます。ユーチューブの場合、動画説明欄にURLを掲載できますので、そこにメルマガ登録リンクを置きます。

このほか、インターネット上ではなくても、リアルで集めることも可能です。面倒くさいのでやっている人は少ないのですが、ビラを配って直接**QRコードを読み込んで登録してもらう**とかなり集まります。イベントやセミナー会場で行なうのが基本ですが、街中でビラ配りして集めることもできます。

また、名刺交換で受け取った名刺に書いてあるメールアドレスに、メールマガジンを配信することは法律で認められていますので、セミナーや異業種交流会に行って、たくさん名刺を交換するという手もあります。

とにかく、インターネット上であっても、リアルであっても、人が目にするところに数多く露出させれば、読者さんは増えていくものなのです。

読者さんは増えていくといっても、毎日100人増えていくということはまずありえません。それどころか、広告費をかけないのであれば1日10人集まればいいところでしょう。

なぜかというと、相手は人であり、人を10人動かすということはそれだけで大変なことだからです。メールアドレスだと、とても少なく見えますが、人が10人並んでいると想像すると十分多いと感じられるはずです。1日で10人に興味を持ってもらい、なおかつメールアドレスを登録してもらえるなんて、それだけで奇跡的なのです。

メールマガジンの読者さんを集める際には、1日10人だったとしても「全然集まらないや。効果ないな」と思わず、「**10人も集まってくれてよかった。ありがたいことだ**」と思って、地道に集め続けることが大切です。

そして、登録してくださった方には感謝して、期待に応えられるよう**一生懸命**

メルマガアフィリエイトの作業ステップ

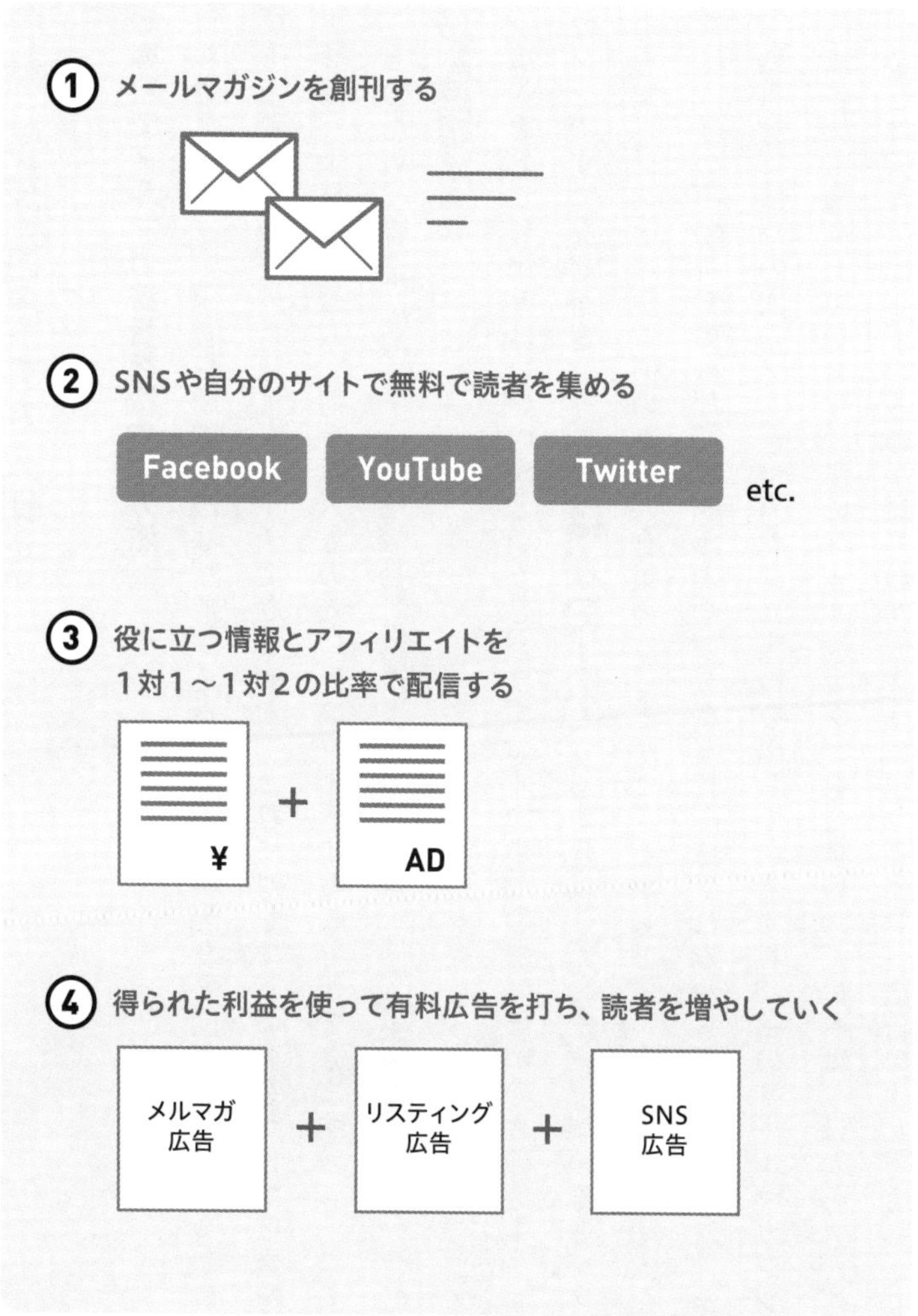
①メールマガジンを創刊する
②SNSや自分のサイトで無料で読者を集める
Facebook
YouTube
Twitter
etc.
③役に立つ情報とアフィリエイトを
1対1～1対2の比率で配信する
¥
+
AD
④得られた利益を使って有料広告を打ち、読者を増やしていく
メルマガ
広告
+
リスティング
広告
+
SNS
広告

情報配信することが大切です。

●有料でメルマガ読者を増やす方法

お金をかけない読者数増加方法は、飛び込み営業やビラ配りと同じで、時間をかけてもそれほど多くの人にアプローチできません。それに対して、お金をかけて広告を出せば、1日で何万人、何十万人もの人にアプローチすることができます。

そのため、資金があって早く読者数を増やしたい場合には**広告を使うことが有効**です。

広告をどこに出せばいいのかというと、まずおすすめなのは、ほかの人のメールマガジンです。なぜかというと、**ほかの人のメールマガジン**で集めると、メールマガジンを読む習慣のある人を集めることができるからです。そして、その人たちは、ほかの場所で集めた読者さんよりきちんと読んでくれるからです。

私自身、ほかの人のメールマガジンに広告を出していますし、私のメールマガジンの広告枠も販売しています。私のメールマガジンをご覧いただければ、ほかの人がどのように広告を出しているのか見てわかるようになりますし、広告の出し方もわかります。

次に、メールマガジンと同じくらいおすすめなのは**フェイスブック広告**です。なぜかというと、フェイスブック広告は属性を絞りやすく、少予算で広告テストしやすいからです。特にニッチな内容のメールマガジンを自分が配信する場合、フェイスブックはターゲットを絞って広告配信できるので無駄が少なく済みます。

フェイスブックより広告審査が厳しく、運用もやや難しいのですが、もし出せたら効果的なのは**リスティング広告**です。リスティング広告で有名なのはグーグルとヤフーの広告ですが、調べるともっとたくさんの種類が出てきます。

それから、最近評判がいいのは**ユーチューブ広告**です。この場合、まずユーチューブのチャンネル登録に誘導して、それからメールマガジンに誘導という2ステップになりますが、ジャンルによってはとても効果的なようです。

このほか、広告を出せる場所というのは、インターネット上に無数にあり、調べればさまざまな場所に出すことができます。費用対効果が高いところもあれば低いところもありますが、**少予算でテストしてから出す**ようにすれば、そんなに損することはありません。

反応のいい広告文を書くのは手間がかかりますし、広告テストをするにも手間がかかりますが、これを極めていけば、どんどん読者数を増やすことができます。

なお、どのように広告を作ればいいのかというと、まずコピーライティングに関する本を何冊も読んで、売れる文章とはどんなものか学ぶといいでしょう。それから、リピート出稿されているほかの人の広告を見て、それらをモデルにして自分の広告を作ってみることです。

こうして一生懸命作っても、おそらく最初は反応のいい広告は作れません。なぜかというと、ほとんどの人は文章を作り込まず「この程度でいいかな」というレベルで出してしまうからです。そして、広告を出してもたいして読者数を増やせず、この媒体はイマイチだなんて考えます。

しかし、リピート出稿している人がいる時点で、その媒体は反応がいいことがわかっていますので、メールマガジンで本当に成功したいのであれば、文章のスキルを磨いてチャレンジし続けることが大切です。ちなみに、私も広告で散々損してきましたが、あきらめずに続けてきたからこそ今があります。

広告以外でお金を使った集め方には、アフィリエイトを活用して集める方法もあります。これはどういうことかというと、自分がほかの人を紹介するのではなく、ほかの人に**自分のメールマガジンを紹介してもらう**のです。そして、メールアドレスが登録されたら、紹介してくれた人にアフィリエイト報酬を払うのです。

アフィリエイトを主宰するにはどうすればいいのかというと、**MyASP**（マイスピー、https://myasp.jp）や**Ku-Chi-Ko**（クチコ、https://kuchiko.co.jp/ku-chi-ko）といったサービスを使うといいでしょう。これらを使うと、**独自のアフィリエイト企画**を立ち上げることができます。

マイスピーやクチコと、自分のメールマガジン紹介ページをつなげると、ほかの人がアフィリエイトできるようになるのですが、それだけでは誰もアフィリエイトしてくれません。なぜかというと、アフィリエイターはその存在すら知らないからです。

そこで、どうすればアフィリエイターに知ってもらえるのかということなのですが、メールマガジンやサイトでアフィリエイトしている人を探し、その人に直接連絡してお願いするようにします。有名なアフィリエイターが扱ってくれれば、それを見て拡散していきます。または、川島塾のようなアフィリエイターが集まるコミュニティーに参加して、そこで告知すれば知れ渡っていきます。

最近は、ライングループでアフィリエイト情報をシェアするグループも広がっていますので、セミナーや飲み会で人間関係を作って、そういうグループに入れてもらうと効率的に告知できます。またもちろん、ほかの人の最新アフィリエイト情報を手に入れることもできます。

ちなみに、アフィリエイト報酬の相場は、**メールアドレス登録1件あたり1500円**くらいになっています。広告やアフィリエイトの世界を知らない人がこの金額を聞くと驚くのですが、その1500円で集めた読者さんは、自分のセミナーや教材を買ってくれたり、メールマガジン上でほかのアフィリエイト案件に登録してくれたりして、長い目で見ると1万円とか2万円といった金額を生み出してくれるのです。ですから決して高くないわけです。

もちろん、この金額は自分で設定できるので、100円にすることもできますが、今の時代に100円では誰も紹介してくれません。

逆に3000円で集めると、かなり多くのアフィリエイターが熱心に紹介してくれるので、一気に5000アドレスとか1万アドレスを集めることができます。そして、それを基に初期段階から大きく稼ぐこともできます。私のように地道に10年以上やらなくても、**最初から数千万円**稼げてしまうわけです。

●メールマガジンには何を書けばいいのか

このようにして読者さんを集めたら、情報配信していきます。何を配信すればいいかというと、**お役立ち情報とアフィリエイト**です。私の長年の経験と考察からすると、お役立ち情報1か2に対して、アフィリエイト1くらいの割合がおすすめです。なぜなら、アフィリエイトばかりでは読まれなくなってしまいますし、お役立ち情報だけでは収入が得られないからです。フリーペーパーをイメージしてみるとわかると思いますが、フリーペーパーは独自記事と広告の両方で成り立っているように、メールマガジンも両方掲載する必要があるからです。

お役立ち情報とは、具体的にどんなものかというと、テーマごとの**最新トピックや、普遍的な得するノウハウ**のことです。

たとえば、仮想通貨情報のメールマガジンを作った場合、ビットコインの最新ニュースや、投資の原理原則などがお役立ち情報です。そして、そのメールマガジンに挟み込むのに適したアフィリエイトは、「仮想通貨トレードツール無料お試し」や「仮想通貨セミナーのご案内」などです。恋愛のメールマガジンを作った場合は、口説きの話術やファッション、マナーの基本がお役立ち情報にあたり、「恋愛ノウハウ販売」や「異性に好かれる洋服の販売」「新しい出会い系アプリの紹介」などがアフィリエイトにあたります。自分の関心がない分野のテーマは書くのがしんどいと思いますが、関心のある分野でしたら、楽しく書けることでしょう。

文章や文体は、素晴らしい完璧な日本語でなくてもかまいません。メールマガジンは**内容が伝わればそれでいい**ので、友達に話すくらいのフランクなレベルで大丈夫です。難解な言葉や文章より、むしろ簡単で親しみやすい言葉で書いたほうが好まれるほどです。

配信頻度で一番おすすめなのは**1日1回**ですが、忙しい場合には週に1回とか毎週月曜と木曜の2回とか決めて出すといいでしょう。大事なのは**発行頻度を決めて**それに従って出すことです。気まぐれに発行していると、たいてい続かなくなってしまうからです。最初に配信スケジュールを決めているからこそ、面倒くさいときでも忙しいときでも、ちゃんと出せるようになるのです。

最近はスパムメールも多い時代ですので、一緒にされないように、**ルールを守って**配信することも大切です。主に気を付けるべき点としては、メールマガジンにきちんと**配信者情報を記載すること**です。名前や連絡先メールアドレスなどはきちんと書いておきましょう。

●情報配信と読者数増を繰り返し、収入を増やす

配信を繰り返して、読者さんに「**このメールマガジンは役に立つな**」と思ってもらえたら、そのメールマガジンはずっと読み続けてもらえます。また、読み続けてもらえるからこそ、アフィリエイト報酬も入り続けます。もちろん、すべての読者さんに満足してもらうことは不可能ですが、よりよい情報を配信することで、より多くの読者さんに継続して読んでもらえるようになっていきます。

収入の目安としては、メールマガジンを作って、まずは無料で読者さんを集めて、情報とアフィリエイトを配信すると、月10万～20万円にはなります。

それから、それを元手に広告を活用して読者数を増やすと、月100万円とか200万円になっていきます。さらに頑張ると、月500万円とか月1000万円になっ

ていきますが、今の日本の市場規模を考えるとそれくらいが上限です。

一方、1アカウントで月1000万円が上限だったとしても、月300万円くらいのアカウントをたくさん作ることは可能です。ライターを雇って月300万円のアカウントを10個作って稼いでいる人もいますので、そのようにしてみてもいいでしょう。

ただ、単純転売と同じく、雇った人はすぐに独立して自分でやってしまいますので、人の管理がやや難しかったりします。

メールマガジンを毎日配信するのは大変ですが、リサーチが好きな人や文章を書くのが苦でない人には向いています。

私は文章を書くのが苦でしたが、それ以上に儲かりますし、世界のどこにいてもスマホ1つあればできるので、総合的に考えるとこれ以上自分に向いている仕事はないと思い、楽しくできています。

私が10年間この業界を見てきた限りでは、稼げるようになる前にやめていく人がたくさんいましたが、続ければ莫大な利益をもたらしてくれるのです。

Chapter 6

不動産ビジネスで年収１億円稼ぐ方法

こんな人におすすめ！

- 安定した職業に就いている人
- 信用＆資金のある人
- 情報収集と分析が好きな人

資金がゼロでも少なくてもできる不動産投資の魅力

●大家さんはとにかく暇

私が2カ月に1回、セミナーと旅行を開催している川島塾には、さまざまな職業の人が集まります。この本で紹介しているような、転売で稼ぐ人、アフィリエイトで稼ぐ人、会員制ビジネスで稼ぐ人など、職業は多岐にわたっています。

そんな中、もっとも時間に余裕があって暇そうなのが**大家さん**です。はっきりいって、日々メールマガジンを書いている私より断然暇です。ビジネスをやっている人は効率化しているといっても、それなりにやることがあったりするのですが、大家さんは本当に暇なのです。

なぜ暇なのか？　それは、大家さんというのは、古くからある職種で、外注の仕組みが完全に整っているからです。不動産を買ってしまえば、あとは管理をすべてお任せして、ただお金が入ってくるのを待つだけの人が多いのです。特別なスキルも必要とせず、**いい物件さえ買ってしまえば勝ち組**という世界です。

このような話を聞いても、大多数の人は、不動産を購入して大家さんになるには莫大な資金が必要だと思っているため、大家さんになろうとはしません。数千万円、数億円の資金がない自分には無縁の話だと思っています。しかし、実際のところは、そうでもなかったりします。資金があまりなくても、職業属性さえよければ、銀行からお金を借りて物件を買って、大家さんになることができるのです。

もちろん、手元資金として数百万円くらいはあったほうが有利なのですが、職業や買う物件によっては、初期費用ゼロで全額銀行から借りることもできます。

銀行からお金を借りる場合、やはり不安定なイメージの個人事業主や中小企業社長は、銀行側に貸し倒れリスクが高いと判断されがちで、お金を借りにくい傾向にあります。一方、お金を借りやすいのは、**大企業の会社員や公務員、医師や弁護士など**です。このような職業に就いている場合には、不動産投資はかなり向いています。不動産投資の向き不向きは、能力や性格以前に、その人の職業によるところが大きくなっているのです。

●リスクなく、手堅く儲けるためには勉強が必要

自分が不動産投資に向いている職業に就いているからといって、勢いだけで始めるのは危険です。いざ始める場合には、きちんと学んでから取り組む必要があります。なぜかというと、世の中には割安物件からぼったくり物件まで出回っていますので、きちんと見極めて買う必要があるからです。また、お金を借りる際には金融機関によって金利に差があるため、選んだり交渉したりしなければならないからです。さらに、1990年代前半のバブル崩壊のような被害にあわないためには、今後の不動産マーケットが上がっていくのか下がっていくのか、その動向を見極める目を養っておく必要もあります。

そこで、この章では、不動産投資の実践者にご登場いただいて、どうすればリスクを限りなくゼロにして、**手堅く儲けられる不動産投資**ができるのかについて紹介していきます。不動産取引は大金が動くため、相手を騙して儲けようとする悪人も多く、有名な不動産会社の社員であっても信用ならない世界ですので、人に頼りすぎず自分できちんと学びましょう。

また、大家さんだけではなく、関連ビジネスとして、**廃墟不動産投資や民泊、**

不動産ビジネスで稼ぐ４つの方法

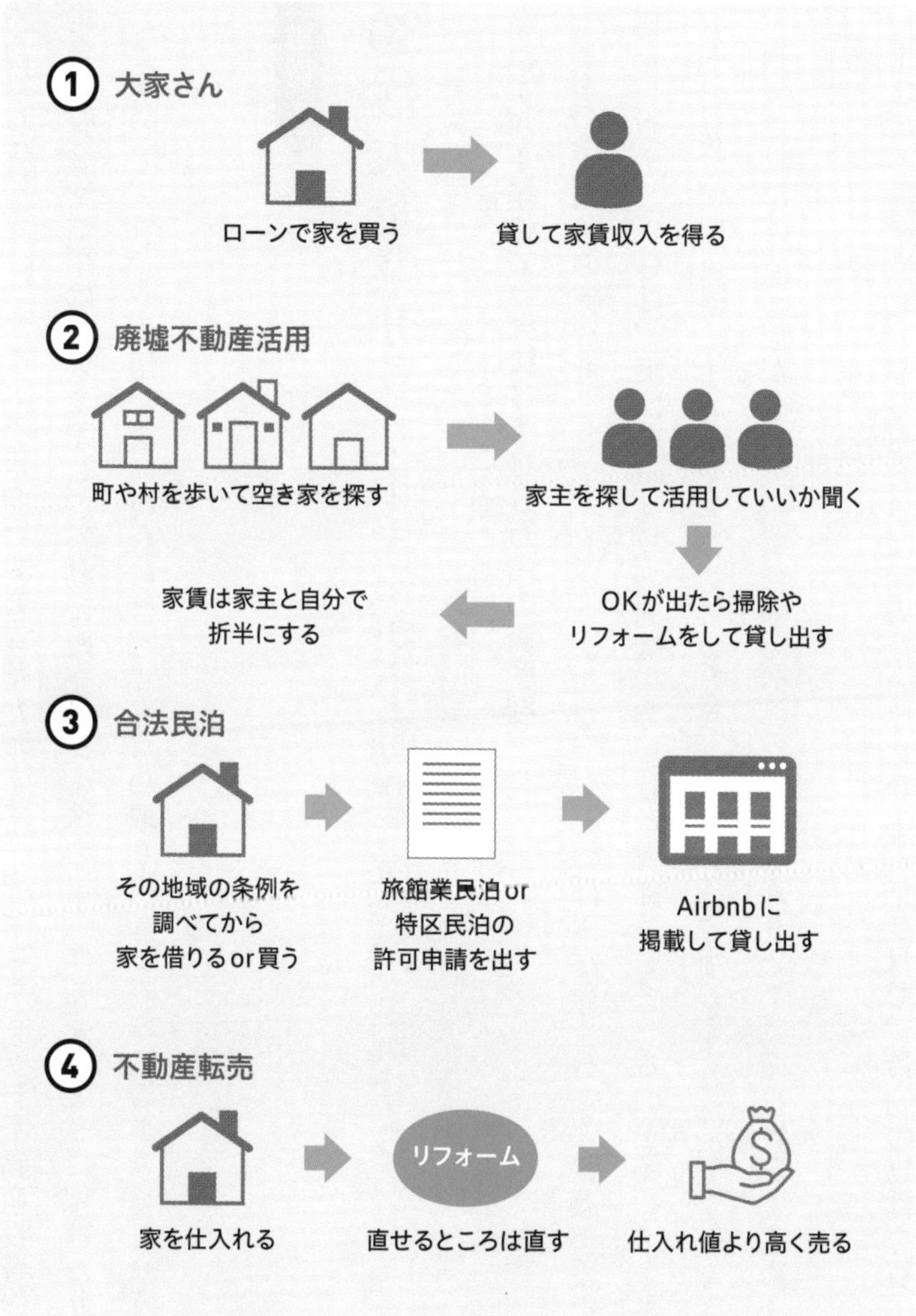

不動産販売ビジネスについてもご紹介します。廃墟（空き家）不動産投資の場合は資金や信用は不要ですし、不動産販売ビジネスの場合は転売のように稼げたりしますので、資金や信用がない場合には、こちらに取り組んでみるのもありでしょう。

事例1

30代大企業サラリーマンが不動産投資で脱サラ

●わずか1年強で、実質3100万円の資産増

まず、1人目の実践者として、大家さんになってまだ間もないJGこと後藤準平を紹介します。JGは、実は私の高校の同級生で、私が大儲けしているのをインターネットで見て、川島塾に入ってきました。そこで、「自分は、何をすれば儲かるか？」と相談されたので、彼が有名大企業に勤めていたこともあり、不動産投資をすすめました。

JGが不動産投資をきちんと学び始めたのは2016年9月で、最初の物件を買っ

たのは２０１７年６月、自己資金は２００万円でした。そして、その後自己資金４００万円で２軒追加購入し、２０１８年11月には３軒の大家さんになりました。３軒といっても３部屋ではなく、部屋がたくさん入ったビルを３つ、３棟のことです。

不動産の資産価値総額は１・４億円で、借金総額は１億円。この差額は４０００万円です。一方、購入時に投下した自己資金は３棟総額で６００万、その後に支払った不動産取得税が３００万円くらいで、すでに差し引き**３１００万円資産増加**になっています。また、これに加え、毎月着実に家賃が入ってきています。

●不動産投資本を１００冊読んでから物件を探す

不動産投資は物件選びが命です。そこでババを引いてしまうと、大損して借金まで抱えてしまい、身動きが取れなくなってしまうからです。そのため、私は彼に、最初は基礎知識をしっかり勉強するように伝えました。そしてＪＧは、まず不動産投資に関する本を１００冊読みました。

不動産物件に、まったく同じものは世の中にありません。売り手にも仲介者にもさまざまな人がいるため、まず**たくさんの事例を知る**ことが大切なのです。

それから、物件情報を仕入れるため、**楽待**（https://www.rakumachi.jp）、**健美家**（https://www.kenbiya.com）を日々チェックし、仲介業者の物件紹介メールマガジンもチェックして、条件に合った物件の紹介を多数の不動産業者に依頼しました。

また、大家さんのコミュニティーに足を運び、人脈を構築したり情報交換したりしました。

その後、よさそうな物件が見つかったら、精査して価値を見極めます。物件の分析と見極めをするにあたり利用したのが、さまざまな大家さんが公開している「**物件購入可否判定ツール**」です。その中でも特に活用したのは、イクメン大家さんの**キャッシュフローナビ**（https://dotapps.jp/products/com-tayura-cashflownavi）です。

ＪＧは、このタイミングでも慎重を期するため、練習で１００件以上の物件を精査しています。

その後、情報収集と精査を繰り返し、本当にいい物件が出てくるのを待ち、ようやく買い付けを入れます。

そして、売主のＯＫが出たら、金融機関を回って融資を打診し、承認されるまで持ち込みます。もちろん、金利が安いところから借りるため、できる限りたくさんの金融機関を回るわけです。おおざっぱな人だと0・3％の差くらいどうでもいいやと考えてしまいがちなのですが、この差は非常に重要です。

一見小さな差のようですが、この金利の差が長年積み重なると、とてつもなく大きな金額になるので、できる限り低く借りたほうがいいのです。また、変動金利だと将来高くなるリスクがあるため、なるべく固定金利にしたほうが安心です。

これでまず1棟買うことができます。1棟買うと実績ができますし、担保にもできるので、2棟目は買いやすくなっていきます。このように**購入した物件を担保に新規物件を購入する**ことで規模を拡大していくことができます。慎重に進めつつもスピードを上げていけば、どんどん資産を増やせるというわけです。

●格安物件だけ狙っていれば損はしない

ちなみに、不動産投資の一番のポイントは、やはり**〝格安物件に絞って買う〟に尽きます**。格安であれば利回りもいいですし、すぐ転売しても相場との差益で数百万、数千万円と儲けることができます。不動産投資は、一般的な株式投資やFXのように参加者がたくさんいる公開マーケットで値段が決まるわけではありません。あくまで一対一の相対取引《あいたいとりひき》なので、**売主の都合によって値段が変わる**わけです。

たとえば、売主がお金に無頓着な人だった場合、不動産仲介業者がアドバイスしなければ相場の半額になることもありえます。また、売主がすぐに現金を必要とする場合、相場よりかなり安くても話がまとまることもあるわけです。

ですから、こういった掘り出し物を探せば、それだけで大儲けすることができます。

まさに、スケールの大きい転売、スケールの大きい宝探しゲームなのです。

事例2

8年で資産を実質20億円増やしたギガ大家さん

●業界で著名な不動産投資のエキスパート、ギガ大家ジャイアン

最近の大家さん業界で有名なのは、ギガ大家ジャイアンこと木下たかゆきさんです。

なぜ有名なのかというと、不動産投資の規模拡大ペースが異常なほど速く、なおかつ

そのキャラクターにインパクトがあるからです。ジャイアンはお金も時間も十分にあるのですが、川島塾に参加するようになり、私とも交流するようになりました。

ジャイアンの何がすごいのかというと、圧倒的スピードで不動産投資規模を大きくし資産を増やしているところです。また、ほとんどの大家さんが買った物件を持ち続けるところを、ジャイアンは高く売れるタイミングがあったときには即売却し、手元資金を準備してまた新しく格安物件を買っています。つまり、資金も物件も回転させているため**資産増加ペースが速い**のです。

具体的には、2010年6月に当時大企業サラリーマンであまり資金がない中、不動産投資を始めたにもかかわらず、2018年末には70棟1300室にも増やしています。借金分を引いた実質的な**資産は20億円**にもなっているのです。

約8年で資産を20億円増やしているということは、不動産投資を始めてから今までの**平均年収は2・5億円**と考えることもできます。

川島塾の仲間にはビジネス書の著者が多いこともあり、ジャイアンも出版を決意し、現在2冊の本を出版しています。『最速で億を稼ぐ！ 不動産投資［成功の原理原則］』（ぱる出版）と、『不動産投資「勝者のセオリー」』（ぱる出版）です。これらの本の内容も素晴らしく、多くの人から高く評価されています。

●ジャイアンが資産を20億円増やした具体的ステップ

さて、そんなジャイアンはどうやって投資してきたのでしょうか？　彼が最初に**目を付けたのは競売**です。競売というのは、借金や税金を払えないなどの事情で裁判所に差し押さえられた物件が、民間に払い下げられるシステムです。基本的に入札制で、一番高く入札した人がその物件を買うことができます。

ここで、人気の物件はそれなりに高い値段が付くわけですが、たまたま誰も見向きもしない物件があった場合、超格安で買うことができます。ジャイアンは当初、これに目を付け買い漁っていきました。

競売情報は、不動産競売物件情報サイト**BIT**（http://bit.sikkou.jp/app/top/pt001/h01/）と、**981.jp**（https://981.jp）を見て調べました。

それから、どの物件にどのくらいの金額で入札するかは、とにかく落札事例をたくさん見続けて相場観を養い、それに基づいて基準を作って決めていきました。また、入札前に、近隣の不動産業者に問い合わせ、どのくらいの家賃なら借り手がありそうかも調べました。

この審査を通った物件に、年間100棟くらい入札し、たまたま安く落札できたものをジャイアンは手にしていったのです。

●高値掴みをしないよう自分の基準を作ることが大切

なお、競売というのは、時期によって全体的に高めだったり安めだったり波があります。株式投資で全体的に割高なときや割安なときがあるのと同様で、競売の世界でも全体的に高めのときがあるのです。

そんなときこそ、自分の基準で判断して手を出さないことが大切です。競売に参加する目的は、とにかく格安で物件を手に入れることですので、**高値掴みしない**ように気を付けなければなりません。

ちなみに、この競売情報を一つひとつ見て精査するというのは、大変な手間と時間がかかります。そのためジャイアンは、独自基準をしっかりまとめてリストにし、それを基にスタッフに精査してもらっています。スタッフに物件の最終審査の一歩手前まではすべてやってもらって、最終審査だけジャイアンがやっています。

企業が人を雇うのに、一次面接と二次面接はスタッフが行ない、最終面接だけ社長や役員が行なうのと同じです。本気で大量の物件をチェックするには、すべて自分でやろうとせず、このように**仕組み化することが重要**です。

それから、今のジャイアンは実績があることと有名になったこと、すぐに動かせる資金を豊富に持っていることで、ご指名で「買いませんか?」という話がきます。こういった話には、とてもいい条件のものもあるので、大家になるのであれば、最終的にはこのレベルを目指したいものです。

なお、ジャイアン式不動産投資術のさらに詳しい方法につきましては、ジャイアンの著書『最速で億を稼ぐ! 不動産投資「成功の原理原則」』(ぱる出版)に書いてありますので、実践する際には一読されることをおすすめします。

事例3

廃墟不動産投資で年収1800万円の40代自由人

●放置されている廃墟不動産を活用する

続いて廃墟不動産投資という一風変わった手法をご紹介します。こちらは、一文《いちもん》なしでも無職でも、中学生でも老人でも、誰にでもできるやり方です。必要なのは、**やる気と行動力**だけです。

廃墟不動産投資とは、その名の通り、廃墟（空き家）になって使われていない不動産を手入れして復活させ、第三者に貸し出す方法です。

具体的には、町や村を見て歩いて、人が住んでいなさそうな空き家があったら、近隣の住人に誰の家か聞いてみて、まずオーナーを探します。そして、オーナーに「**この家を綺麗にして貸し出すのを、任せてもらえませんか?**」と提案し、ＯＫが出たら掃除をし、不動産会社に連絡して貸し出すというものです。

見事、その物件を誰かに借りてもらうことができたら、**家賃はオーナーと折**

半するという約束です。

この方法がすごいのは、自分で物件を買うわけではないので、資金がなくても信用がなくても行動力さえあればできるというところです。また、**かかる費用も掃除代くらい**なので、ほとんどノーリスクであるといえます。掃除用具を借りて、自分で掃除をすれば、清掃費すらかかりません。

お金はかからない分、手間はかかるのですが、真面目に取り組めばどんどん管理物件を増やすことができ、それが不労所得となっていきます。

この廃墟不動産投資の実例として、村上祐章さんを紹介します。彼は、廃墟不動産投資の第一人者といわれ、『常識破りの「空き家不動産」投資術』（ビジネス社）の著者でもあります。村上さんも、ある日突然、川島塾に来るようになり、知り合いました。

村上さんが廃墟不動産投資を始めたのは2008年末頃で、時間のあるときにぶらり散歩しながら気ままにやっていました。収入は副業的なものだったのが、2010年に月収20万円、2011年に月収40万円、2012年に月収80万円と伸びていき、その後**月150万円**くらいになりました。それ以後は、面倒くさくなってきて物件を増やすのをやめ、今もそのくらいの月収をキープしています。

●探偵が調査するように廃墟物件を探す

廃墟不動産投資に使う空き家は、自分の足で探します。自動車もバイクも使わず、文字通り自分の足で歩いて探します。具体的には、まず**電気メーターが回っていない家**を探します。電気メーターが止まっていれば、誰も住んでいないとわかるからです。

それから、近隣の人、特にお年寄りに、オーナーは誰か聞いて回ります。この時点で4軒に1軒くらいの割合でオーナーがわかります。そして、オーナーに連絡を取って見学したい旨を伝えると、3人に1人くらいは見せてくれます。この時点で12軒に1軒の割合です。

それから、オーナーに、「あなたは何もしなくていいから、自分が掃除して修理して貸し出すので、家賃収入を折半できないか？」と交渉してみます。この話を持ちかけると、2人に1人くらいの割合でOKが出ます。つまり、24軒空き家を見つけて、ようやく1軒決まる感じです。廃墟不動産の再生は、ここからスタートします。

●お金をかけずに清掃・修理、入居者募集を行なう

こうしてオーナーとパートナーを組めることが決まったら、実際に掃除して修理します。資金がないなら、自分で掃除や修理をして貸しますし、資金があれば清掃業者に頼んでもいいでしょう。村上さんの場合、全部自分でやって基本は3万円くらい、どれだけボロボロの物件であっても10万円以内に抑えています。

部屋がある程度綺麗になったら入居者の募集です。これは不動産業者に頼めば簡単にできますが、費用をかけたくなければ自分で宣伝します。物件情報を自分で紙に書いてコピーし、近隣の家に配ります。これにはちょっとしたコツがあり、**家賃が高いけれど面積の狭い家にポスティング**していくと、すぐ決まります。

なぜかというと、25平方メートルで7万円の家に住んでいる人の中には、50平方メートルで5万円の物件があると知ったら、それがたとえ古かったとしても、引っ越したいと思う人がいるからです。

こうして廃墟不動産を再生して、入居者を決めると、だいたい1軒あたり月2万円くらいの不労所得となります。決して高額ではありませんが、元手ゼロでできて、長期間継続的に家賃が入ってくると考えると、十分な金額です。そして、このような物

件数を地道に増やしていけば、不労所得は増えていくのです。

また、この方法が素晴らしいのは、オーナーにも入居者さんにも大変な**感謝をされる**ということです。村上さんがいなければ、オーナーは無収入だったところ、少ないながらも不労所得が入ってくるからです。また、入居者さんは、相場より安く借りられるからです。

絵に描いたようなＷＩＮ－ＷＩＮの関係で、みんなにとって利益になるのです。

総務省の調査によると、現在全国にある物件の13・5％が空き家となっており、ビジネスチャンスは大きく広がっています。これを有効活用すれば、みんながハッピーになれるわけです。

なお、廃墟不動産投資のさらに詳しい方法については、村上さんの著書『常識破りの「空き家不動産」投資術』（ビジネス社）に書いてありますので、実践する際には一読をおすすめします。

事例4

合法民泊で年収1800万円の30代元サラリーマン

●現在の民泊は法令順守が何より大切

続きまして、**民泊で稼ぐ**方法です。この話を教えてくれるのは、『特区民泊で成功する！ 民泊のはじめ方』（秀和システム）の著者の新山彰二さんです。新山さんはもともと、札幌でSEの仕事をしていたのですが、なんと会社から大阪で営業職に就くことを命じられたのを機に、自分で稼ぐ必要性を感じました。

最初に実践したのは、輸入ビジネスと大家業の両方で、輸入ビジネスでもすぐに月収50万円レベルになりましたが、大家業のほうが向いているとわかり、大家業一本にしていきました。その後、民泊ブームの波が到来したため、民泊事業にも参入し、民泊本まで出版して今に至ります。

新山さん自身の民泊実績は、２０１５年度は売り上げ１４００万円、利益５５０万円、２０１６年度は売り上げ２３５０万円、利益８２０万円です。２０１７年度は、大阪府で民泊合法化が進み管理物件数が減ったのと、一部売却したので売り上げ1050万円、利益350万円で、2018年は**売り上げ1500万円、利益500万円**くらいです。売却益は1500万円あるということで、月にならすと**月収150万円**くらいになってきています。

新山さんの本業は大家さんで民泊は副業なので、金額的にはそれほど多くはありませんが、合法的に堅実に運営しています。

この民泊を始めるには、まず何をすべきかというと、自分が開業するエリアの条例を知る必要があります。たとえば現在は、東京：特区民泊△・民泊新法△・簡易宿泊所〇、大阪：特区民泊◎・民泊新法△・簡易宿泊所△、京都：特区民泊×・民泊新法△・簡易宿泊所〇、沖縄：特区民泊×・民泊新法〇・簡易宿泊所◎といったように、地域によって条例がバラバラなので、どれなら大丈夫か調べる必要があるのです。

以前は、条例がまだ整備されていなかったため、どこでも何でも大丈夫でしたが、これからは**法令順守が大切**です。法令を順守していない物件はAirbnbなどの民泊サイトから削除されてしまうからです。ただ逆にいえば、法律の施行によって80%の民泊物件が営業できなくなってしまったため、法令さえ守れば満室にしやすく、かなり儲かる状態になっているのです。

●民泊経営に使う物件の探し方

地域の条例を調べたら、その地域で転用可能な物件を探し、条例に沿った形で民泊として運営します。探す場所は**民泊物件.com**（https://minpaku-bukken.com）、**アットホーム**（https://www.athome.co.jp）、**LIFUL HOME'S**（https://www.homes.co.jp）と、その地域の不動産屋です。

資金がない場合、賃貸物件を探し、それをまた貸しするような形で民泊を運営します。この場合、大家さんに民泊として活用していいか、きちんと確認する必要があります。資金がある場合、物件を購入し、必要に応じて民泊に合う間取りにリフォームしていきます。

それから、家具やタオルといった必要な備品を準備していきます。赤字にならないようにするには、お金をかけすぎないことが大切です。

その後、銀行や**日本政策金融公庫**（https://www.jfc.go.jp）や**信用保証協会**（http://www.zenshinhoren.or.jp/others/nearest.html）の融資を受け、事業を拡大していきます。

資金と実績が増えれば、銀行からもお金を借りやすくなるので、中古格安物件を購入し、民泊用に改造して運用するといいでしょう。

●「稼働率」より「売り上げ」にこだわる

まず民泊運営で大事なのは「稼働率」にこだわるのではなく、**「売り上げ」にこだわる**ことです。1泊単価を下げれば稼働率は上がるものの売り上げが下がってしまうので、1泊単価をいかに高く設定するかがポイントになります。

1泊単価を上げるポイントは**「居室の広さ」と「インテリアデザイン」**です。狭い部屋だとビジネスホテルとさほど変わらないので、競合が多くて単価が上げづらいのですが、広い居室であればホテルのスイートぐらいしか競合がないため、宿泊単価は上げやすくなります。

また、もう1つ大事なのがインテリアデザインで、ホテルのように一律同じデザインではなく、たとえば古民家を改装したデザインなら、ほかにはないユニークな部屋ができます。利用者に気に入ってもらえれば宿泊単価を上げても、一点ものなので高単価で高稼働にすることができるのです。

●売り上げが多くなったら物件ごと売る

売り上げが伸びて多くの利益を生むようになったら、転売してみるのもありです。通常の賃貸物件に比べて、利回りが2倍や3倍以上になったりしますので、不動産投資家に高く売れるようになるのです。

新山さんの場合、2018年の8月に740万円で仕入れてリフォームで100万円ほどかけた物件が、**月利益16万円**ほどで回るようになり、約半年後の翌年2月に1900万円で売却できています。買主は海外の投資家さんです。

2018年6月に新法律が施行されてから、民泊ビジネスはいったんリセットになり、まだ本格的に取り組めている人は少ない状況といえます。チャンスも多いので、手間はかかりますが、やってみる価値はあります。

ノウハウも確立されていないので試行錯誤する形にはなるものの、だからこそ**大きなチャンス**があることでしょう。

事例5

不動産販売で年収♡♡♡万円の40代美魔女

●究極の転売は不動産転売

不動産で儲ける方法の最後は、**不動産販売業者になって儲ける**方法です。これは投資というより転売になります。不動産販売は、洋服や電化製品の転売と同じく、「安く仕入れて高く売る」のが基本です。また、仕入れることなく、売主と買い手をつなぐだけでも、法律で定められている仲介手数料3％を手にすることができます。**安く物件を買って、買い手を見つけて高く売る**なら、より多くの利益を得られます。

しかしながら、不動産の場合、買い手は借金をして買うことがほとんどなので、この借り入れの面倒まで見てあげないと、なかなか契約までには至りません。

つまり、不動産業者としてうまくやっていくポイントは、**「いい物件を扱えるかどうか」「金融機関を紹介して融資を付けてあげられる**

かどうか」の2点です。

また、不動産の売買を手がけるには、国家資格の**宅地建物取引士**（宅建）を取得する必要があります。

具体的に、どうやって不動産販売で稼げばいいのかというと、実例として、不動産販売で年間数千万円稼いでいる『会社員がゼロから稼げる！ 融資フル活用不動産投資術』（サンライズパブリッシング）の著者、田中美香さんをご紹介します。美香さんもいつの頃からか川島塾に参加するようになり、何度も一緒に旅行をしているうちに親しくなりました。Gカップ巨乳の持ち主で、40代でありながら、20代のイケメンを虜《とりこ》にする美魔女ぶりで人生を楽しんでいます。

美香さんの収入の推移としては、歩合制営業の会社員時代、1年目は年収1000万円、2年目年収2000万円、3～5年目は**年収3000万円**くらいで、独立後は、それ以上の年収になっています。金額については、多すぎるので秘密♡とのことです。

●最初は会社勤めをしたほうがいい理由

なぜ、美香さんは、最初から独立ではなく会社員をしていたのかというと、金融機関から信用される人間になるためです。不動産を買う際には、全額自己資金で買える一部の人以外、金融機関から融資を受ける必要があるのですが、そのときに信用がないと貸してもらえないのです。これは本人が買うときはもちろんのこと、お客さんを金融機関につなぐときにもいえることです。

不動産販売業を営む場合、お客さんが「物件を買いたい」と決断しても、そこでローンの面倒まで見てあげないと話がまとまらないものです。このときに、不動産販売業者と金融機関の関係が良好であれば、お客さんのためにローンのセッティングができますが、信頼関係がないとローンが組めずお客さんは物件を買えないわけです。

そのため美香さんは、まず最初に信頼ある会社に勤め、そこで歩合制で働くことで実績を作り、個人的にも**金融機関との良好な人間関係**を構築していきました。

金融機関との関係ができて、融資を引き出せるようになったとしても、その融資が焦げ付いてしまっては、美香さんの信用がなくなってしまいます。金融機関としては、美香さんの紹介ならきちんと返済されると思って貸したのに、裏切られた形になってしまうからです。そして、そんなことをしたら金融機関は、その後お金を貸してくれなくなってしまいます。

そのため、美香さんはこの部分は慎重に考えました。不動産投資についてのリスクをしっかり考え、不動産価格の暴落があったとしても、ちゃんとローン返済能力のある人だけを金融機関につなげるようにしたのです。その結果、みんながWIN-WINとなり、それをセッティングした美香さんへの信頼はますます上がっていった、というわけです。美香さんいわく、不動産業は**金融機関との信頼関係が第一**とのことです。

●物件を安く仕入れ、歩合制従業員に売ってもらう

金融機関との信頼関係ができて、ようやく独立してからは、今度は安く仕入れて高く売ることが重要になってきます。安く仕入れるための物件探しや、最新の相場状況の確認は、ほかの人と同じく楽待、健美家、LIFULL HOME'Sをチェックし、このほかに**レインズ**(http://www.reins.or.jp)、も日々チェックしています。

また、各地の不動産屋さんともコネクションを作っておき、特別情報が流れてくる

ようにもしています。

リフォームすることで価値を上げられる物件があったときには、**仕入れてリフォーム**します。

そして、仕入れた物件をどうやって売っているのかといえば、フルコミッションの営業マンたちを雇って、彼らにお客さんを探してきてもらう方法を取っています。彼らは、もともとの知り合いだけでなく、異業種交流会や投資セミナー、相続セミナーなどに出向いて、そこで知り合った人にセールスをしています。また、最初に買ってくださったお客さんからの紹介も多くあります。

いずれにせよ、お客さんが不動産を買うことになった場合には、ローンを組む必要がありますので、銀行から融資を引き出せるかどうかが重要です。そのため、美香さんのような銀行とお客さんをつなぐ役割の人が必要となり、これが商売になるというわけです。

不動産販売は、人と会って交渉することが多いので、**対面コミュニケーションが得意**な人には向いていますし、楽しく取り組めるでしょう。美香さんいわく、「売れっ子キャバ嬢は、ドンペリより不動産を売ったほうが儲かっていいんじゃないの？」とのことです。

不動産で稼ぐ方法は以上です。

不動産ビジネスのメリットは、1案件あたりの利益が、衣料品や電化製品の転売よりはるかに大きいこと。そして、アフィリエイトのように文章を書く必要がないことです。**信用や資金がある人**にとっては、こちらのほうが、より大きなお金を稼ぎやすいモデルですね。

Chapter 7

会員制ビジネスで年収1億円稼ぐ方法

こんな人におすすめ！

・イベントを企画するのが好きな人

・友達を作るのが得意な人

・何かと教えるのが好きな人

会員が満足するサービスをいかに提供できるかが鍵

●インターネットを使えばリスクなく運営できる

私のビジネスには、２つの収入の柱があります。１つはアフィリエイト、もう１つが、この章でお伝えする会員制ビジネスの川島塾です。２０１１年に始めた川島塾は、おかげさまで10年近くたった今なお続いています。

会員制ビジネスとは何かというと、会員制クラブをつくって、会員さんにサービスを提供し、定期的にお金をいただくビジネスです。たとえば、ゴルフクラブ、スイミングクラブ、学習塾、料理教室、ピアノ教室などです。これらは、昔からある有名会員制ビジネスで、施設利用料を含むものが多くなっています。

一方、最近増えている会員制ビジネスは、オンラインサロン、コンサルティングサービス、投資情報配信サービス、パーソナルトレーニングサービスなどです。これらは場所に縛られず、インターネットの技術を使って**情報配信するスタイル**が多くなっています。

昔は、何百万円、何千万円と開業資金を用意し、さらに、不動産を準備しなければできなかったことが、今はインターネットとシェアリングサービスのおかげで、お金をかけずにできるようになったのです。そして、今ゼロから始めるには、この**開業資金や固定費をかけないスタイル**にすると、ほとんどリスクなく効率的に運営できます。

そこでこの章では、会員制ビジネスの原理原則と、最新のサービスを活用して低コストで運営する方法を紹介します。また、長く続けていける運営のノウハウもお伝えします。

会員制ビジネスは、人と人とが触れ合う機会が多いので、人と話すことや教えることが好きな人や、イベントを企画するのが好きな人は、きっと楽しく運営していけることでしょう。

ちなみに、会員制ビジネスにおける私の実績としては、川島塾という会員制ビジネスを始めてから9年間ずっと右肩上がりで、最近は会員数360人、**年会費収入1億4000万円**くらいとなっています。これからも会員さんに満足していただけるよう、日々情報提供とイベント企画を頑張り、会員さんの収入を増やし、長く続けていきたいと思っています。

さて、私の話を始める前に、もっと身近な例として、女性としては日本でトップレベルの人気を誇るオンラインサロン「魅力ラボ」を運営している、小田桐あさぎさんの例をご紹介します。

事例1 オンラインサロンで年収2000万円の30代自由主婦

●日本でベスト3に入る女性向けオンラインサロン

小田桐あさぎさんは、**魅力ラボ**（http://adorable-inc.com）という女性限定オンラインサロンを主宰しています。女性が主宰するサロンの中では、日本でもベスト3に入る人気を誇ります。「自分らしく生きる」をテーマに、セミナー、食事会、交流会、イベントなどを行なっています。

あさぎさんは2018年6月頃にサロンを始め、月会費7000円にもかかわらず、

会員制ビジネスは利益を何倍にもする

・ただし、会員さんに満足していただかないと退会していき
右肩下がりになってしまう

・右肩上がりや横ばいにするためには、
会員さんに会費以上のメリットを感じてもらうことが必要

・スクールやコミュニティーのほか、
アプリやシステム貸し出しでも毎月課金できる

たった3カ月ほどで約350人もの会員さんを集めました。350人×7000円で**月250万円**くらいの収入です。

しかし、まったく知名度がない普通の人が、オンラインサロンを始めてすぐに、こんなに会員さんが集まるわけがありません。あさぎさんがどれほど魅力的だったとしても、そんなことは不可能なわけです。

では、オンラインサロンの会員募集を開始するまでに、あさぎさんは何をやってきたのでしょうか？

●サロンスタートまでに行なった人気アップ方法

彼女は、サロンを公開するまでに、さまざまな活動をして知名度と人気を上げていました。

まず、妊娠中だった2015年2月に、ブログをスタートさせています。その後、セミナーの開催、有名人とのコラボレーション、出版と、次々とステージを上げて行動していきました。

ブログでは、当時人気があった鈴木実歩さんや、南城久美子さんといった女性ブロガーをお手本にして、女性の役に立つ内容の記事を書いていました。ただの日記ではなく、**役に立つ内容**であるという部分が重要なポイントです。また、あさぎさんのブログの場合、ほかの多くの女性ブロガーと異なり、役に立つ内容だけではなく、**面白さ**も随所にちりばめられています。

次にあさぎさんは、アクセス集めのためにも積極的に活動しました。通常、無名の人がブログを書いた場合、どれだけ役に立とうが面白かろうが、誰の目にも留まらず終わることが多いのです。ピコ太郎のＰＰＡＰだって、ジャスティン・ビーバーが話題にしたからこそ広まったわけで、どこかで紹介されることがとても重要なのです。

あさぎさんが、どうやってアクセスを集めたのかというと、まず自ら人気女性ブロガーのセミナーなどに足を運び、主催者である先生と親しくなりました。そして、親しくなってから自分のブログを**先生のブログ内で紹介してもらった**のです。

先生も自分の教え子が人気者になれば実績になるので、教え子のブログの内容が役に立つものであれば紹介してくれることもあります。こうして、鈴木実歩さんや南城久美子さんなどに加え、心屋仁之助さんや、子宮委員長はるさんといった超人気ブロガーまでもが、あさぎさんを紹介し、その結果アクセスが伸びていきました。

さらに、あさぎさんは、**セミナーやお茶会も開催**しました。これも自分のブログで参加者を募集したほか、親しくなった女性ブロガーに紹介してもらって人を集めました。そして、どの会でも、満足度の高い充実した内容を提供し、着実にファンを増やしていったのです。

●有名人とのコラボでファン層を拡大

あさぎさんが特にすごいのは、イベントの開催頻度とコラボ力で、毎月のように単発イベントを開催し、さらには自分からオファーして、ホリエモンこと堀江貴文さんやSHOWROOMの前田裕二さんともコラボしているところです。

前田さんには会ったこともないのに、ツイッターからオファーして**400人セミナーを実現**させています。そして、知名度が高い人とコラボすると、たくさんの人に知れ渡るので、あさぎさんの人気も上がっていったというわけです。

『Ｏｇｇｉ』や『ＶＥＲＹ』などの雑誌にも紹介されています。なぜ紹介されるようになったのかというと、女性起業家の出版記念パーティーに行ったら、そこで雑誌編集者と知り合い親しくなったからです。これまた外に出て会話をした成果が出ています。さらに、出版を目指すセミナーに参加し、出版する方法を学び、2018年4月には『嫌なこと全部やめたらすごかった』(WAVE出版)という本を出版しています。

あさぎさんは、このように、セミナーで学んで、積極的に行動した結果、何もかもできるようになったのです。まったくのゼロから、**わずか3年間で人気ブロガー**になり、人気セミナー講師になり、有名人とコラボして、出版も実現しました。そしてオンラインサロンを始めたら、すぐに日本でトップ3に入る人気サロンになったのです。

●オンラインサロンの満足度を維持し続ける工夫

さらに、自分のオンラインサロン運営のためにもよく学んでいて、なんとこれまでに累計12カ所のオンラインサロンに入って運営方法などを学んできました。「堀江貴文イノベーション大学校(HIU)」「西野亮廣エンタメ研究所」「箕輪編集室」「経沢香保子の女性起業家サロン」「はあちゅうサロン」「脱社畜サロン」といった人気サロンはもちろんのこと、女性がほとんどいない「川島塾」にまで入りました。

そうやって内側から人気サロンのいい部分を研究し、それを取り入れているからこそ、会員さんが満足できるオンラインサロンを運営できているのです。

具体的に、オンラインサロン運営で工夫している点は、参加者一人ひとりと、入会直後に**直接話す機会を設ける**ことです。直接会えない場合には、ビデオ電話で面談しています。そして会員さんの入会目的をヒアリングしたうえで、活用の仕方についてアドバイスをしています。

それから、あさぎさんがこれまでに築いてきた人脈を活かし、有名人をゲストに招いてセミナーを開催し、会員さんに紹介しています。開催するときも、あさぎさんが全部行なうのではなく、会員さんが協力し合って、チラシやビデオを作ったり、チケットを売ったりするようにしているので、会員さんは**有名人ゲストと仕事仲間として関われる貴重な経験**ができます。

また、部活やお食事会、パーティーなどを日々企画し、会員さん同士が交流して楽しめる機会を広げています。女性向けサロンということもあり、子連れママも多いので、託児システムなども用意していて至れり尽くせりです。

こうして内容を充実させた結果、月7000円以上の価値があると判断する人が多く大変な人気を博しています。あさぎさんのオンラインサロンは女性限定ですので、女性はぜひチェックしてみるといいでしょう。

事例2

川島が年収5000万円得ている川島塾の仕組み

●川島塾とはいったい何なのか？

続いて私自身の川島塾の事例をご紹介します。川島塾は、ノウハウマニアの私が学んできて人生の役に立ったすべてを教える塾であり、コミュニティーでもあります。

多くの会員制ビジネスが月単位で募集している中、川島塾は月単位ではなく年単位で募集しています。なぜかというと、内容が多岐にわたり、さらに学びと実践を繰り返すには最低1年は必要だからです。

セミナーは年に12日間（2日連続×6回）、世界各地で行ない、前後には塾生同士の情報交換の場となる観光ツアーも企画しています。これまでに、札幌、東京、長野、名古屋、京都、大阪、広島、松山、高知、福岡、熊本、北京、上海、香港、セブ、ハノイ、プノンペン、バンコク、ハワイ、ケアンズ、ウラジオストク、サンクトペテルブルク、アテネ、スプリットなどで開催してきました。

セミナーに全部参加するのは不可能に近いため、音声配信も行なっていて、自宅にいながらでも学べるようにしています。

川島塾の中心となっているノウハウは、稼ぎ方と時間管理術、そして人生の楽しみ方です。いくら収入や資産を増やしても、幸せを感じることができなければ元も子もありません。ですから、川島塾では収入を増やす方法だけではなく、上手に時間を使って**人生を楽しむ方法**についても教えているのです。

具体的な内容としては、マインドセット（成功者の価値観や考え方）、心と体の状態管理方法、成功法則、ビジネス、コミュニケーション、恋愛・結婚、時間管理についてなどです。ビジネスノウハウを聞いただけでは、稼げるようにならない人が多いので、**稼げる体質づくり**から教えています。

東大に入れる受験ノウハウを聞いただけでは、東大に入れないのと同じで、ビジネスノウハウを聞いても、ビジネスに集中できず稼げない人が多いので、それをできる体質づくりやスケジュール管理から教えているのです。

●ノウハウだけではなく「成功につながる環境」を提供

それから、ここ数年は**成功につながる環境づくり**にも力を入れています。
たとえば、会員さんたちが、自分より収入が上の人や、異業種で成功している人と親しくなれるように、1日ではなく2日間の宿泊型セミナーにしています。泊まりになると、夜な夜な語り合って親しくなることができるからです。また、セミナー会場でも、参加者同士が知り合えるようくじ引き式で席を配置し、隣の人とあいさつして話す時間を設けています。

セミナー開催日の前後には、視察や観光ツアーもたくさん入れています。一緒にバスに乗ったり、観光地を歩いたり、何度も食事で顔を合わせたりすると、親しくなりやすいからです。また、ビジネスで知り合うより、旅行で知り合ったほうが、利害関係のない親しい間柄になりやすいからでもあります。

身近な5人の平均年収が自分の年収になるといわれますが、普通に暮らしていると、大金持ちと知り合う機会はほとんどありません。そこで、川島塾では自然と両者が交流できる場を提供して、より成功しやすい環境にしているのです。

では、なぜそんなにお金持ちだらけの環境をつくれるようになったのでしょうか？

それは、私が教えてお金持ちを育てたのと、噂を聞きつけて集まってきたお金持ちがいるのと、その両方です。すでにお金持ちの人ほど、**お金持ち同士で交流することの重要さ**を知っているので、川島塾に集まって来るのです。また、その重要性を知る人ほど、毎年継続しています。現在、会員さんの6～7割は継続しているため、新規の空枠は少なくなっています。

また、リアルだけではなく、オンラインにも力を入れています。コミュニティーページでは、私以外の誰でも気軽に投稿できるようにしていますし、みんながイベントを企画して気軽に告知できるようにしています。

これにより、私以外からも最新の情報提供が行なわれますし、会員さん主催のイベントも増え、より交流頻度が高まる好循環になっています。

このような環境づくりの結果、最近では、この本の各章で登場する方たちのような、余裕のある**お金持ちだらけのコミュニティー**になっています。また、毎年新規で入ってくる、まだお金持ちでない人も、積極的に参加する人は、環境に染まってお金持ちになっていきます。

どうやって会員さんを集めてきたか？

川島塾の内容と、長く続いている秘訣を最初にお伝えしましたが、どうやって私が会員さんを集めてきたかもお伝えしましょう。

2010年の秋、最初に川島塾の募集を始めたとき、私はすでに日本最大の個人メールマガジンを運営していました。当時はネットで稼ぐノウハウをまとめた約3万円の教材が1万本以上売れるくらい人気がありましたので、川島塾は募集したらすぐに会員さんが集まり、定員いっぱいになりました。

主な参加者は、私のメールマガジンや教材を見て、それがきっかけですでに儲かった人たちでした。儲かったお金で、もっと儲けるノウハウを知るために参加した人が多かったのです。

しかし、会員さんを集めてはみたものの、これだけでは何年も続きません。多くの会員制ビジネスは、最初はファンの人が入ってくれるのですが、そのあとは先細りになってしまうものなのです。

では、私は何をしてきたかというと、リピートしないと損だと思ってもらえるように、**会費以上のリターンを提供**するようにしたのです。さらに会員さんに友達を紹介してもらえるようにお願いしました。自分の昔からのファンを食いつぶしていくのではなく、続けてもらう努力と、紹介してもらう努力をしたのです。

もともと私のビジネスは、ほぼすべてをインターネットで集客していました。しかし、ネット集客だけというのは、インターネット関連サービスが使えなくなったときに困るので、口コミだけで広がるモデルを作ろうと思い、このようにしたのです。

定員は2011年に130人くらいでしたが、毎年少しずつ増やしていき、今は360人になっています。ただし、新規の人は毎年100~150人くらいです。先ほどもお伝えした通り、私がちゃんとサポートできる人数の範囲内にしています。集まる年会費収入は、当初6000万円くらいだったのが現在**1億4000万円**ほどになっています。

ただ、超高級ホテルで開催する懇親会費は私負担のため、手元に残るのは年にもよりますが50~70%くらいです。最近、世界中のホテルが高騰しているため、原価率がかなり上がっています。

ここまで川島塾が長く続いている秘訣を書いてきましたが、一番重要なポイントは**「会費以上に明らかに得をした」**と思ってもらうということです。

やめたら損してしまうのであればやめないですし、入らないと損だと思えば、仲のいい友達にも紹介するものなのです。

私は、そう思っていただけるように、日々ノウハウを仕入れて公開したり、**居心地のいい会場**をセッティングしたり、会員さん同士が**仲よくなれるイベント**を企画できるよう、惜しまず努力しています。今後どこまで続けられるかはわかりませんが、私が元気なうちはできる限り長く続けていきたいと思っています。

事例3

表に出ないで年収数億円以上の30代仕掛人

●億を稼ぐ会員制ビジネスプロデューサーになる方法

最後に、自分が表に出ない形で会員制ビジネスを展開している、榊原さんをご紹介します。榊原さんは私と同業者ですから共通の友達も多く、川島塾にも参加してくれています。

榊原さんは現在、プロデューサーとしてさまざまな会員制ビジネスに関わっており、その中の1つに月3万円の会員さんが3000人いる投資教育系のコミュニティーがあります。月の収入がなんと9000万円、**年間10億円**規模です。1人でやっているのではなく、講師の先生と組んでやっているのですが、それにしても榊原さんの取り分だけで億を超える金額となっています。

こうして榊原さんは先生となる人と組むことで、会員制ビジネスを運営し大金を稼いでいるのですが、どうやってこれを行なってきたのでしょうか？

榊原さんはまず、コピーライティングやネットマーケティングを、本やセミナー、教材から学びました。プロデューサーになるためには、まずネットで物を売る方法を熟知する必要があるからです。

その後、2009年頃から、投資関係のビジネス書の**著者**や、**投資関係のブロガー**、人知れず稼いでいる**実力派投資家に、タイアップのオファー**を出すようになります。ノウハウをコンテンツ化して、セミナーや教材として売ることを提案したのです。榊原さん自身がコピーライティングやネットマーケティングを担当し、投資家の先生はノウハウ提供するだけでお金が入るという関係です。

もちろん、最初は、榊原さんに実績がないので断る人も多かったのですが、中には興味を持って話を聞いてくれる人もいて、徐々にそういった人とタイアップしていけるようになりました。

少し実績ができてくると、投資界の有名人も話を聞いてくれるようになり、ビジネスが拡大していきました。そして、このビジネスを始めて約2年後には、講師の先生にお金を支払ったあとに残ったお金が、年に1億円を超えるようになったのです。

●ファンリスト数ゼロから、すべてプロモーションする方法

その後、榊原さんは超大物投資家のA先生と出会い、A先生案件に力を入れていきます。榊原さん自身も経験を積んで実力が付いてきた頃だったので、ちょうどいいタイミングでした。そこで、これまでにやってきた以上の**大プロモーション**をしていったのです。

どのようにプロモーションをしたのかというと、まず販売ページのセールスレター

や、そこに誘導するメールマガジンの文章を自分自身で作成しました。

次に、友達のWEBデザイナーに依頼し、販売サイトを作っていきました。販売サイトも細部にまでこだわり、1%でも成約率が上がるように、榊原さんのWEBマーケティング知識を反映させたものにしました。

デザイン業務については、最初は外注していましたが、その後専属デザイナーを雇い、日々テストしてデザインの微調整をして成約率を上げられる体制にしています。

それから、塾のプロモーション動画のシナリオも書きました。動画セールスの参考にしたのは、アメリカの有名動画マーケッター、ジェフ・ウォーカー氏が開発したプロダクトローンチという手法です。**動画を上手に使う**と、文章だけのときより何倍も売れるようになるため、この手法を取り入れたのです。動画の撮影と編集についても、友達の動画プロフェッショナルに外注し、形にしていきました。プロダクトローンチについて詳しく知りたい方は、ジェフ・ウォーカー氏の著書『ザ・ローンチ』（ダイレクト出版）をご一読ください。

こうして、販売ページ、メールマガジン、プロモーション動画などを準備したのち、少予算で広告を出しました。最初から多額の広告費をかけても、それ以下の売り上げしかなければ赤字になってしまうので、まず**少額でテスト**するのです。

そして、販売ページのどこがどのくらい読まれているかを、**ヒートマップ**などのツールで分析し、文章とデザインの改善を重ねていきます。脱落していく部分を探して、脱落しないように改善していくのです。また、似たような販売サイトをたくさん作り、どの販売サイトが一番反応がいいかをテストして、いいものを残していきました。

●広告を出せば出すほど儲かる状態

このようにして成約率が高いサイトを完成させてから、広告予算を上げて幅広くプロモーションしていきました。さまざまな場所に広告出稿しましたが、効果がよく多額の広告予算を投入したのは、**ヤフー広告とフェイスブック広告**です。

また、アフィリエイトのシステムも活用しました。A先生のメールマガジンに登録してくれる人を、アフィリエイターに依頼して集めてもらったのです。アフィリエイトシステムは、Ku-Chi-Koを使い、アフィリエイターは、アフィリエイターが集まるコミュニティーやグループで集めました。

榊原さんの場合、こだわって作ったセールスレターとセールス動画を準備できていたため、広告とアフィリエイトでどんどん売れていきました。

その後サービスを始めて数カ月すると、会員さんがどれくらい続けてくれるかわかってきます。たとえば、ほとんどの会員さんが1カ月でやめてしまったら、1人集客するために月会費の3万円しか広告費を出せないところが、平均10カ月続けているなら30万円まで広告を出せるとわかってくるのです。

これがわかってきたことで広告予算を上げられるようになり、広告費を追加投入できるようになりました。その結果、さらに大きなリターンが得られるようになったのです。これを繰り返した結果、大物投資家A先生の会員さんは3000人まで増え、**年間10億円**規模の売り上げとなったのです。そして今なおお増え続けています。

「インターネットビジネス実践会」が失敗した理由

「川島塾」を始める以前に、私は一度、会員制ビジネスで失敗していますので、この話も参考までにしておきます。2007年頃、私は「インターネットビジネス実践会」という会員制ビジネスを立ち上げました。スタートは順調で、月会費9700円で、800人が集まりました。

しかし、衰退の一途をたどり、1年後には会員数が半分の400人ほどにまで落ち込みました。それでも月400万円の利益はあったので続けてもよかったのですが、このモデルを続けることは、会員さんにとっても私にとってもよくないと判断し、解散しました。

提供したコンテンツは、決して悪くはありません。最近の多くのオンラインサロンのように、毎月ゲスト講師を招いて対談し、ノウハウを紹介していました。対談は貸し会議室で行ない、対談セミナー後は美味しいお店での飲み会も開催していました。そして、参加できない人に向けてはCDをプレスして郵送までしていました。

コンテンツは悪くないのに、なぜ会員さんが離れていってしまったのかというと、役には立っても、現実的に**利益をもたらすものではなかった**からです。

会員さんが9700円払った結果、3万円とか10万円が手に入れば続けようと思うものですが、ちょっと役に立ったくらいでは続けないのです。手元に残るお金を増やそうとした場合、９７００円の出費を減らすほうが楽なので、退会するという選択肢が選ばれてしまうのです。

そのため、これを踏まえて始めた川島塾では、会費以上の金銭的リターンが得られるようにすることを重視しました。やはり、とにかく会費以上に収入や資産が増えるからこそ、会員さんとしては退会したら損、となるわけです。

あなたが会員制ビジネスを始める際にも、この**経済的メリットを最重要視**すれば、多くの会員さんに長く継続してもらえるはずです。

Chapter 8

協会ビジネスで年収1億円稼ぐ方法

こんな人におすすめ！

- 仕切られるより仕切るのが好きな人
- 好きなことで稼ぎたい人
- 長いスパンで財を成したい人

仕組みさえしっかり構築すれば自動で回っていく

●協会ビジネスとは、現代の家元制度

ここまで数多くの強力な稼ぎ方をご紹介してきましたが、さらに強力なのが、協会ビジネスです。

協会ビジネスは昔からあったものの、最近のスタイルは『一気に業界No.1になる！「新・家元制度」顧客獲得の仕組み』（ダイヤモンド社）の著者である前田出さんが基礎をつくり、それがきっかけで爆発的に広まったものです。

どんな方法かといいますと、協会を立ち上げ、**協会認定の証書**を有料で発行するというビジネスです。ソムリエ協会や柔道の講道館のような、その分野で権威を発揮できる協会を立ち上げ、会員からお金をもらって協会が認定証を授ける仕組みです。その分野に権威者がいる場合にはその人を代表に立て、いない場合にはゼロから時間をかけて権威者を作っていきます。

協会を立ち上げたら、業界標準となる**教材と学習講座**を作ります。そして、

そこを修了した人や検定に合格した人に認定証を発行していきます。ワインのソムリエ資格のあとに、日本酒の唎酒師《ききざけし》という資格が出てきましたが、それと同じように新しく資格を作り、管理していくのです。

以前は、古くからあって会員数が多い団体が、業界標準となるルールを作って、実力者を認定していました。しかし、最近は協会ビジネスを学んだ人が、一般社団法人を立ち上げ、業界標準となるルールと資格を作って、認定するようになっています。

この章では、その方法についてお伝えしていきます。

●立ち上げた人物が、その業界の「神」になれる

協会ビジネスの何がすごいのかというと、仕組みが完成すれば、学んで認定されたい人が、次々に頭を下げてやってくるというところです。そして協会本部は、その業界で**神様的な存在になれる**のです。集まってきた人に認定証を出すか出さないか、破門するかどうかまですべて決めることができます。

講座料としてお金を得ることもでき、また、認定料としてもお金を得ることができ、さらに、年会費や資格更新料としても毎年継続的にお金を得ることができます。その

料金も協会がいつでも自由に変更することができます。

本当に、その業界の神様になれてしまいますので、トップに立って自分でルールを決めていきたい人に向いています。たとえば、一般社団法人日本ソムリエ協会の場合、年会費1万5000円で5万人くらいの会員さんがいますので、なんと年間7億5000万円もの会費が入ってきます。会費を払わなければ、会員さんはソムリエ資格を失うため、毎年払うのです。そして、ソムリエ資格を失いたくない人が多いので、やめていく人は少なく、**驚異の継続率**になるというわけです。

●ピラミッド型の強力な組織を作ることもできる

協会本部が、一方的に広報活動や認定活動を行なうだけではなく、ピラミッド型の組織にして広めていくこともできます。これは通常の修了証や検定合格証のほかに、**教える資格**も作り、教える資格を得た人を認定講師にして動いてもらうようにするのです。認定講師は、それを仕事にして稼ぐこともできるようになるため、協会本部とWIN-WINの関係で広まっていくのです。

認定講師になった人は、まず自分でスクールを開くことができるようになり、そこ

協会ビジネスの作り方

ある分野で学ぶべき基本知識を
体系化してまとめ上げる（テキスト作成）

↓

一般社団法人を立ち上げ、
体系化された基本知識を学べる講座を開講する

↓

講座を修了した人や、検定試験に合格した人に
認定証や資格を発行する

↓

毎年、資格の更新料を請求する
みんな資格を失いたくないからお金を払い続ける

ここが
ポイント

で儲けることができます。さらに、認定講師は教材を協会本部から買って2割増しで生徒に販売すると、協会本部も認定講師も儲かります。

それから、新しい生徒さんも資格取得を目指してテストを受けますので、テスト受験料や認定証発行手数料が入りますし、本部に入る**年会費も増えていく**というわけです。

前述の前田さんの場合、どんなことをやっていたのかというと、ビーズと押し花の分野でインストラクター養成事業を行ない、4万人もの先生を生み出しました。また、前田さんはほかの人と組んで、天然石検定、健康食育マスター講座、音楽CD検定、パンコーディネーター認定講座、ボディマネジメントコーチ認定講座なども作っています。柔道や剣道、華道、そしてソムリエや唎酒師のようなメジャーなものでなくても、さまざまな分野で資格制度を作ることは可能なのです。

では、具体的には、どうやって協会ビジネスを立ち上げていけばいいのか、実践者の声を紹介していきましょう。

事例1

趣味の起業で年収3000万円の30代主婦

●子育てしながらジュエルアート協会を立ち上げる

最初にご紹介するのは、1児の母である主婦のともちんこと、早瀬ともさんです。彼女は、一般社団法人日本ジュエルアート協会という団体を主宰しています。前述の前田さんが開催した協会アワード2016では、**最優秀ビジネスモデル部門賞を受賞**しました。

ともちんが協会ビジネスを知ったのは、ともちんの祖母が、前田さんの押し花認定講師として活躍していたからです。祖母がたくさんの生徒さんに「先生」と慕われ、好きな作品に囲まれ楽しくビジネスをやっていたのを長年見てきて、自分もやりたいと思ったのです。

そして、前田さんの本で基礎を学んでから、前田さんが立ち上げた協会ビジネス実践会に入りました。ここでノウハウを学び、2012年に、子どもが生まれてわずか

2週間後に、一般社団法人日本ジュエルアート協会を立ち上げました。

ニッチなジャンルではあるものの、着実に広まっていき、収入も1年目は1000万円。2年目年収1800万円、3年目年収2400万円、4年目から**年収3000万円**と増えていきました。

ともちんの本業は、美容サロン経営と美容関連商品の輸入販売で、協会ビジネスは副業になるのですが、もはや副業とはいえないレベルの収入になっています。

●どのようにして協会ビジネスを立ち上げたのか？

ともちんは、どのようにジュエルアート協会を立ち上げたのかというと、まず自分が趣味でやっていて詳しかったジュエルアートの分野に目を付けました。ジュエルアートの世界は、趣味でやっている人は多いものの、カリスマ不在で権威ある団体もなかったので、そこにルールを作っていこうと思ったのです。

そして、ジュエルアートに関する情報を体系化していき、テキストと授業プログラムを作成しました。もともと自分も趣味でやっていて詳しかったところに、さらに情報収集を重ねて本格的なものにしていったのです。

何を調べたのかというと、基礎ノウハウに加えて、ユーチューブやインスタグラム、Udemy、Etsyで、海外の流行をこまめにチェックしていきました。

また、日本の流行を知るため、キャバ嬢のインスタグラムやユーチューブ、雑誌の『小悪魔ａｇｅｈａ』、『姉ａｇｅｈａ』などもチェックしました。そして、基礎から最新技術まで網羅する完成度の高いジュエルアート学習テキストを作っていったのです。

それから**一般社団法人を登記**して、ＷＥＢサイトを作り、セミナーを企画して集客も始めました。

ＷＥＢサイトは、コピーライティングやネットマーケティングの基礎をビジネス書で学んでから、近い業種のサイトを参考にして作っていきました。

集客については、初期段階は資金があまりないので、無料や低価格でできるものに時間と労力を費やしました。イベントでチラシを配ったりブースを出したり、はたまたＳＮＳに投稿して集客したのです。その後、有料広告や有料ブース出店もしました。

具体的には、異業種交流会、お見合いパーティー、レセプションパーティー、ハロウィンやクリスマスパーティー、ママイベントなど、**ありとあらゆる場所で宣伝**しました。ときにはトヨタなどの自動車ディーラーや、神戸マラソンにブースを出すこともありました。これらは無料で出せるものがほとんどで、出店料がかかっても1万円くらいでした。

空いた時間には**SNS集客**も行ないました。当時はミクシィが人気だったため、関連するコミュニティーに「1日で取得できる最新の美容資格をご紹介します。詳細はコメントかメッセージをいただければお伝えします」と投稿し、体験会に誘導したり電話で説明したりしていました。

資金がある程度できてからは、大きなイベントへの出店や広告も活用しました。イベントは、ビューティーワールドジャパンや神戸コレクション、癒しフェアやホビーショー。広告は、フリーペーパー、雑誌、スクールポータルサイトなど、さまざまな場所に出しましたが、一番効果があったのは**フェイスブック広告とSEO対策**でした。このほか、アメブロ、インスタグラム、ユーチューブなど、できることはなんでもやったのです。

●組織拡大のため、どのように人を雇ったのか？

手探りの中で進めていったところ、協会への反応と評判は思いのほか好評で、1人でやるには時間的にも体力的にも限界になってきました。そこで業務を分担して行なえるように受講生の中からスタッフを雇用。しかし、仕事を覚えた頃にやめてしまうという問題が続いたため、外注にシフトしていったのです。

外注先は、**EDL**（https://www.edl.co.jp/outline）、**シェア・ブレイン・ビジネススクールのシェア秘書サービス**（http://sbbs.or.jp/about-sh）、**Chatworkアシスタント**（https://lp.chatwork.com/ja/assistant/）です。

協会業務全般に加えて、個人的な業務も依頼しています。

ジュエルアートに使う材料も**独自生産して販売**するようにしました。

これは、イーウーマートを使って中国から仕入れ、**内職daどっとこむ**（http://www.naisyokuda.com/）に別包装を依頼し、**井阪運輸**（http://www.e-isaka.co.jp/）に配送を依頼しています。

こうして外注を積極活用した結果、商材の発送ミス、製造ミス、会員対応のミスなどがなくなったうえに、従業員の管理といった仕事から解放され、**人件費も大幅に削減**できました。

スクールの講義は、協会のスタート当初は、ほかにできる人がいなかったので、すべてを自分1人で教えていました。しかし、カリキュラムを終えた受講生の中から優秀な生徒を認定講師とし、やる気のある人に講師業も任せるようにしていきました。これで講師業が続く忙しさからも解放されたのです。

このように紆余曲折がありながらも、今では高い収益を生み出せる協会へと発展し、安定して運営できるようになっています。

●これから始める人へのアドバイス

「自分には何もないから、協会ビジネスは無理だ」とあきらめる必要はありません。知識や経験がまったくなくても、これから学んで**自分**がエキスパートになっていけばいいのです。もしくは、エキスパートの**先生**を探せばいいのです。

たとえば、**ストアカ**（https://www.street-academy.com）や、Udemyという、先生と生徒のマッチングサイトでは、さまざまな講座が登録されています。

大企業ではなく個人主催の講座がほとんどのため、かなりニッチな分野のものもあります。そして、そのほとんどがかなりリーズナブルですし、1回から受講可能なものも多くあります。

ここで興味のある分野のレッスンを受けて学んでいけば、その分野に詳しくなっていくことができます。そして、自分の知識やスキルがアップしたら、自分が先生の立場になり、本当に小規模な、生徒2人とか4人を教えるところからスタートしてみるといいでしょう。この小さな輪を広げていけば、その道のエキスパートになっていき、協会を立ち上げられるようになります。

また、自分自身が先生にならなくても、あるいは、特定の分野の知識や経験がゼロであっても、オリジナルなノウハウを持っている先生と組めば、協会ビジネスを立ち上げることは可能です。そういった先生を探して交渉すればいいだけなので、自分がエキスパートになるより、早く進めることができます。

先生にインタビューしてノウハウを体系化し、協会を立ち上げ、スクールを開講し、そこで集客していけば、立派な協会ビジネスになるのです。

というわけで、協会ビジネスを立ち上げると、自分の趣味を楽しみながら、同じ趣味を持つ人に喜ばれ、さらにお金をもらうこともできるようになっていきます。好きを仕事にして、なおかつ**大金を稼ぐ**には、最適なビジネスモデルです。

事例2

金髪美女と結婚した年収1億円40代レーサー

●ロシア人金髪美女モデルと結婚。出版してセミナー講師に

一般社団法人日本婚活教育協会を立ち上げた、佐藤セルゲイビッチさんは、国際結婚プロデューサーの肩書で活動しています。著書に『金髪美女と結婚できた理由』（カナリア書房）、『だ・か・らタカシは結婚できない』（秀和システム）があります。

もともとは単発セミナー中心でしたが、現在は**結婚教育**の協会ビジネスを展開しています。彼も川島塾の初期メンバーで、ものすごい行動力とスピードの持ち主です。川島塾生の中でも最初に出版を成し遂げたのも彼で、とにかく行動が速いのです。

セルゲイさんの奥様はロシア人で、セルゲイさんが年収300万円のサラリーマンだったとき、「**金髪美女と付き合う！**」と決断し、結婚しました。お金もないのにサンクトペテルブルクまで飛び、モデルだった彼女と出会い、わずか数回のデートで結婚まで決めてしまいました。2011年に出版された『金髪美女と結婚でき

た理由』は、その方法を書いたものです。

セルゲイさんは当初、自らの経験を活かして金髪美女と結婚する方法を教えていました。しかしながら、金髪美女と結婚したい日本人は少ないため、幅を広げて結婚したいすべての人を対象に教えるようになりました。最初は、ただのセミナーで、途中からは協会ビジネススタイルにシフトしていきました。

収入の推移はおおよそ粗利で、２０１２年が年３００万円、２０１３~16年は年３０００万円、２０１７年以降は年**1億円以上**です。現在では時間にもお金にも余裕ができ、趣味でＦ４レーサーになって、表彰台に立つほどにもなっています。

●単発セミナーから、一般社団法人日本婚活教育協会の立ち上げまで

２０１１~12年頃までは、「女性との会話セミナー」や「プロポーズセミナー」など、単発セミナーを不定期に開催していました。その後、それらを体系化し、２０１３年から本格的セミナーである「**結婚の学校1日体験スクール**」を開始しました。

集客は、インターネットとリアルの、双方で行ないました。

インターネットでは、結婚したい人がよく検索するキーワードで、リスティング広告を出し、「結婚の学校」を宣伝しました。インターネット上の広告を出す際、投資やビジネスの分野だと、審査がとても厳しくなっていてなかなか出せません。一方、結婚の学校の場合は審査が通りやすいので、次々に出すことができました。

リアルでは、結婚したい人が集まるお見合いパーティーなどにこっそり参加して、参加者たちに直接宣伝していきました。参加者同士のあいさつや名刺交換の際に、軽く**「こんなことをやっています」**と宣伝していたのです。堂々と宣伝活動をすると主催者側に嫌われるので、気を付けて行動していました。

スクールを立ち上げてしばらくすると、受講生たちに結果が出始めます。幸せな結婚をする受講生たちが次々に現れてきて、現実的で**役立つコンテンツであると証明**されていったのです。また、広告出稿の腕も上がり、結婚の学校は、ますます多くの受講生を集められるようになりました。

そしていよいよ2014年に、一般社団法人日本婚活教育協会を立ち上げます。

結果を出した受講生たちが講師の道に進めるよう、ノウハウを体系化して、認定講師制度を作ってシステムを整えました。自分の教え子を先生にすることで、より多くの受講生を教えられる体制にし、また、自分が時間を割いて教えなくてもビジネスが回る仕組みにしたのです。

宣伝活動もよりメジャーな方法にシフト

２０１５年には、２冊目の著書『だ・か・らタカシは結婚できない』を出版しました。恋愛で失敗する男子に向けたコミカルなハウツー本です。

この本と結婚の学校の取り組みが話題になり、ＮＨＫやフジテレビ、ＴＢＳやテレビ東京でも紹介されました。そして、新刊やテレビの効果で知名度もさらに上がり、急速に受講希望者も増えました。

このときすでに**認定講師が育ってきていた**ため、全国に点在する講師たちに新規の受講希望者を割り振り、爆発的に広がった人気に応えることができました。また、認定講師たちの売り上げにもつながり、満足してもらえました。

現在ではさらに体系化を進め、恋愛婚活にお悩みの方に向けては「結婚の学校体験スクール」を、婚活指導をしたい人に向けては「婚活教育コーチ育成スクール」を提供しています。認定講師数は、２０１８年末現在で１００人を超え、全国各地で婚活指導を行なえる体制が整っています。

今後はテレビＣＭも打ち、芸能界にも進出しようとしています。本業は芸能界進出、趣味はレーサーと世界旅行ということで、夢の広がる楽しい人生を送っています。

●協会ビジネスは長い目で見ると理想的なビジネスモデル

協会ビジネスでの稼ぎ方は以上です。協会ビジネスは、通常の会員制ビジネスに比べて、**難易度が高く**なります。仕組み化するのに、より多くの手間と時間がかかるからです。しかし、仕組みさえ仕上がれば、あとは自分がいなくても回るので、**不労所得が継続的に入ってくる**ようになるのです。

また、成長した協会ビジネスは、**事業売却しやすい**というメリットもあります。ですから長い目で見ることができる人にとっては、非常に価値の高いビジネスモデルです。また、自分の好きなこと、得意なことを活かして、その分野で日本一の〝権威〟になれるところも大きな魅力です。

Chapter 9

貿易ビジネスで年収1億円稼ぐ方法

こんな人におすすめ！

- 営業に自信のある人
- 熱意を持っている人
- プレゼンテーションスキルの高い人

正規代理店になれば、圧倒的に有利！

●輸入転売の次のステップが貿易ビジネス

本書も終盤にさしかかってまいりました。この章では転売ビジネスの進化形、「貿易ビジネス」について解説します。

転売という言葉は、副業やお小遣い稼ぎというイメージが強いものです。しかし、貿易となると、一気に本格的なイメージになります。また、転売をやっていると怪しいと思われがちですが、貿易をやっているというと**すごい人**だと思われます。

ただ、いきなり貿易を始めるのはなかなか難しく、現実的ではありません。まず転売からスタートして、月収１００万円くらいに伸びた段階で貿易にシフトしていくほうが現実的です。

ところで、転売と貿易は、いったい何が違うのでしょうか？

実は、貿易も転売の１つですので、そう考えるとまったく違うものとはいえません。

しかし、イメージ的には違いがあるのです。そこで本書では便宜上、勝手に買ってきて売るのを転売、**メーカーと契約して正規代理店として売る**のを貿易と表現します。いわゆる並行輸入と正規代理店の違いです。

並行輸入品の場合、商品自体は正規代理店品と同じものだとしても、メーカー保証やサポートは海外のものしか付けられません。基本的に国内サポートなしなのです。ですから、消費者は「本物かな？」とか「壊れたときに困るな」と、やや心配になります。また、そういう理由があるため販路も限られます。

一方、正規代理店品の場合、日本正規代理店の保証やサポートがあるので、**消費者も安心**です。そのため、三越や高島屋といった有名百貨店や、東急ハンズやドン・キホーテといった大手小売店でも扱ってくれやすくなります。大企業と契約して、大々的に販売することもできるようになるのです。

もちろん、並行輸入品か正規代理店品のどちらを仕入れるかは、ショップ側の判断に委ねられます。しかし、万が一偽物を扱ったとなれば信用問題になりますし、サポートがないとクレームが多くなるのも事実です。そのため、信用と安心を重視する大企業ほど、正規代理店から商品を仕入れるようにしています。

独占販売権を手に入れて本格的貿易ビジネスを始める方法

では、どうすれば、この貿易ビジネスを始められるのでしょうか？

貿易ビジネスを行なうには、まず、**海外メーカーとの契約**から始めます。海外メーカーの商品の日本における正規代理店となり、日本の**販売権を手に入れる**のです。

たとえば、ヨーロッパやアメリカで販売されていて、日本で売られていないブランドがあった場合、そのブランドの日本における販売権をまず契約するわけです。そうすると、日本におけるそのブランドの正規販売店になれます。

もし、ここで日本における販売権を、自分だけに限定にする「**独占販売権**」として手に入れることができたら理想的です。なぜなら、日本における値段設定は自分で自由にコントロールできるようになるからです。他社との価格競争も起きなくなるので、**圧倒的有利に販売**できます。

そのため、貿易ビジネスで大きく儲けたいなら、目指すべきはこの独占販売権になります。

独占販売権を手に入れる方法は、大きく2つあります。展示会に行って商談する方

貿易ビジネスはいかに権利を手に入れるかがポイント

独占販売権のメリット

ただ仕入れるのではなく、
日本における独占販売権を手に入れる

↓

そうすると、日本総代理店となることができ、
百貨店や大手小売店と取引しやすくなる

↓

商品を横流しするだけで、権利収入が入ってくる

独占販売権を手に入れる方法

・海外の展示会に行って商談する

・国内の展示会に行って商談する

・海外メーカーに直接連絡して商談する

法と、メーカーに直接連絡して商談する方法です。

展示会は世界各地で開催されていて、**日本貿易振興機構（ジェトロ）の世界の見本市・展示会情報**（https://www.jetro.go.jp/j-messe）を見ると、どこで開催されているかわかります。

香港やドイツ、アメリカ西海岸などで開催される展示会が大規模で有名ですが、日本でも開催されています。ただ、日本の展示会の場合、たくさんの日本人が商談に訪れてライバルだらけの状態ですので、**海外の展示会**に行ったほうがライバルは少ないでしょう。

メーカーに直接連絡する場合、まずはどんなメーカーが世界には存在しているのかを調べるところから始めます。

よく海外旅行をしている人でしたら、各地のショッピングモールを歩いて探してもいいと思いますし、インターネットでひたすら検索すれば探すこともできます。最近では、海外のクラウドファンディングをチェックするのも簡単に見つけやすくていいようです。

そして、よさそうなメーカーを見つけたら、そのメーカーの日本正規代理店がすでにあるかどうか確認します。まだなければ、自分が正規代理店になれる可能性がありますので、メールや電話で問い合わせてみます。

このようにして、販売権や独占販売権をメーカーから公式に手に入れて販売していくわけですが、その具体的方法について、実践者であり教育者でもある、次のお2人に詳しく聞いてみましょう。

事例1

年収1億円以上になった40代元ギタリスト

●音楽活動に行き詰まり、輸入ビジネスを始める

最初にご紹介するのは『Amazon個人輸入 はじめる&儲ける超実践テク104』（技術評論社）の著者の大竹秀明さんです。大竹さんは、自身が大きく貿易ビジネスを手がけるほか、貿易ビジネスを始めたい人たちへの教育活動も行なっています。

大竹さんは、もともとプロのギタリストでした。DAIGOやシドと一緒に全国ツ

アーをして日本武道館のステージにも立っていました。しかし、自分の所属していた芸能事務所がつぶれてしまい、音楽活動がうまくいかなくなったのがきっかけで、自分が詳しかったギターの輸入販売を始めました。

2008年からは、商材を楽器以外にも広げて、本格的に輸入ビジネスに取り組み始めます。2009年に月収50万円、2010年に月収100万円と、着実に利益を増やしていきました。しかしこの頃はまだ、転売ビジネスの域を出ませんでした。独占販売権を取得する本格的な貿易ビジネスではありません。

大竹さんが最初に独占販売権を手に入れたのは、2013年です。香港の展示会で見つけた、台湾メーカーの**スマホケースの独占販売権を契約**しました。

その後、ディズニーのスマホアクセサリーやドイツのドローン、深圳《しんせん》のプロジェクターなど、さまざまな商品の独占販売権を手に入れ、転売から貿易へとビジネスの規模を拡大していきました。

また同時に、自身の経験を基に、貿易家を育成するセミナー&コンサルティングと、海外展示会ツアーも企画していて、個人収入の推移としては、2015年に月収300万円、2016年に月収500万円、2018年に**月収1000万円**と、着実に伸ばしてきました。

●大竹流「独占販売権を手に入れる方法」 その1 インターネット

大竹さんは、どのように有望な商品を見つけ、独占販売権を獲得するのでしょうか？
それは大きく2つあります、**ネットで調査する**方法と、**海外展示会に足を運ぶ**方法です。

ネットで探す場合は、まずアメリカのAmazon.comのランキングを見ます。そして、高評価でレビュー数がそれなりにあり、なおかつ日本に正規品が出回っていない商品をひたすら探します。

それから、海外のクラウドファンディングサイトで人気となっている商品を徹底的に探します。具体的には、**Kickstarter**（https://www.kickstarter.com）、**Indiegogo**（https://www.indiegogo.com/）といったサイトです。

そしてよさそうな商品が見つかったら、メールや電話で連絡して交渉を行ないます。交渉の目的は、独占販売権を手に入れることなのですが、その話を最初からしても断られやすいので、**販路拡大の提案**をします。そして、それはノーリスクであることを伝えます。

具体的にどんな話をするのかというと、「独占販売権ください」ではなく「**日本のクラウドファンディングで販売させてほしい**」と連絡します。

クラウドファンディングというのは、新商品開発や新商品発売の際に、商品を届けるより前にお金を出してくれる人を探す仕組みです。企業は、お金が集まってから行動できるメリットがあり、お客さんは一般販売開始より割安で買うことができるメリットがあります。つまり、これまで日本で売られていなかった海外の商品をお披露目するには、もってこいの場所なのです。

しかし、外国人が日本のクラウドファンディングを使うには、ややハードルが高くなっています。なぜかというと、全部日本語ですし、クラウドファンディングサイトによっては、日本に事務所がないと出品させてくれないからです。

そこで、大竹さんは「御社の商品を、私が日本のクラウドファンディングに出し、御社に利益をもたらします。ノーリスクでできます」と提案するのです。そうすると、海外メーカーは断る理由があまりないのでＯＫを出します。

ＯＫが出たら、本来の目的の独占販売権について切り出します。「クラウドファンディングに出すにあたり、日本における**独占販売権がないと出せない**ようなのですが、認定していただけませんでしょうか?」と、あとから提案するのです。

そうすると、すでに進んでいる話ですし、独占販売権を与えるだけで利益を見込めるので、**まあいいか**となりやすいわけです。これが大竹流交渉術で、実によく考えられたアプローチ方法であります。

●大竹流「独占販売権を手に入れる方法」 その2 海外展示会

次に、海外展示会に行く方法です。海外展示会に出展しているメーカーのブースに足を運び、そこで独占販売権を得られないか、交渉してくるのです。

海外展示会のいいところは、メーカーがブース代を払ってまで**販売パートナーを探している**ところです。つまり、その展示会の期間に、メーカーにとって一番理想的な存在となれば、独占販売権を手に入れられます。

また、展示会の場合、商品の実物を見ることができ、写真ではわからない質感や色などもしっかり確認することができます。

さらに、そんな商品が数えきれないほど展示されているので、次々に見ることができきます。それに加え、仕事とはいえ、前後の時間は観光もできますので、海外旅行を楽しめるというメリットもあります。

大竹さんイチオシで、自分自身が商談に行ったり、生徒を連れてツアーに行ったりする展示会は、中国の広州交易会、香港のMEGA SHOWとグローバルソース、台湾のCOMPUTEX、ドイツのAmbienteとIFA、アメリカのCESなどです。大竹さんは、雑貨や電化製品、コンピューター・スマホ関連が得意なので、その系統の展示会が多くなっています。

展示会での交渉のポイントは、**いかに信頼してもらえるか**です。人として信頼してもらえるかと、ビジネスとしてどれだけしっかり売れるかの、その両方です。

まず、信頼できない人でしたら自分の商品の評判を落とすリスクがあります。また、売る力がない人に独占販売権を与えてしまった場合、商品が長期間売れなくても身動き不能で、ビジネスチャンスを逃してしまいます。独占販売権を与えたあとは、その人が独占販売権を持っているので、ほかの人と組んだり、自社で売ったりできなくなるからです。ですから、人として信頼できて、なおかつ本当に頑張って売ってくれる人と組みたいわけです。

そのため、交渉の際には「**なぜ私が信頼できる人間か**」と「**どれだけしっかり売れるか**」をアピールします。

ここで信頼してもらうためには、身なりや話し方はもちろん、それ以上に大切なのは、**実績**です。どんな商品をどれくらい日本で売ったのか、という実績があればあるほど、メーカーは信頼してくれるのです。資金がある場合には、最初から数百個、数千個買う契約をしてしまえば、確実に信頼してもらえます。

販売力や資金、実績だけではなく、**熱意もとても大切**です。なぜかというと、たとえば大手商社には圧倒的な販売力や資金や実績があるわけですが、そこの担当社員と契約したところで、本当に売ってくれるかどうかはわからないからです。ラインナップに入れてもらえても、ほとんど営業してもらえない可能性もあるのです。

そのため、小さい会社や個人であったとしても、すべてのエネルギーをこの商品販売のために注ぐ、ということが伝われば契約してもらえます。これは、メーカーの立場に立って考えてみればわかることでしょう。

ちなみに、大竹さんのように、輸入ビジネスに関する書籍を出版していると、これまた信頼度アップにつながります。そのため、大竹さんと一緒に海外展示会ツアーに行って大竹さんに、「私、大竹が、彼をしっかりサポートします！」と口添えしてもらうと、商談成功率が上がるというわけです。大竹さんの海外展示会ツアーがとても人気なのは、そういうこともあるからなのです。

あなたが信頼度を補いたい場合、大竹さんのサービスをチェックしたり、本の執筆を検討したりしてみるといいでしょう。ちなみに外国人向けに信頼度を上げることが目的なのであれば、商業出版ではなく自費出版でも問題ありません。外国人から見たら区別がつかないからです。

●独占販売権を手に入れたら、どこで販売すればいいのか？

さて、独占販売権を手に入れることができたら、次は販売していきます。

まず、どこで販売するのがいいのかというと、**Makuake**（https://www.makuake.com/）というクラウドファンディングサイトがおすすめです。

ここは、優れた新商品を安く買いたい人がチェックしていますので、まずここで売るわけです。

ただ、売り方1つで、売り上げは大きく変わってきますので、人気ランキングをよくチェックして、どのように出品するかを学んでから出品します。クラウドファンディングのいいところは納期を遅く設定できるところで、それにより先にお金を受け取って、そのお金で仕入れて発送できます。そのため、**資金がない人にはうってつけ**なのです。

それから、クラウドファンディングの成功実績を手に、日本の卸や東急ハンズ、ロフト、ドン・キホーテ、百貨店などに営業に行きます。ここで話がまとまれば店に置いてもらえるようになり、あとは勝手に売れていきます。

普通の転売と同様に、自分でアマゾンや楽天、ヤフオクやメルカリに出して売ることも可能です。売る場所が増えれば増えるほど、売り上げも利益も上がっていきます。

このような商品販売活動に加え、自分で国内の展示会にブースを出すこともできます。展示会にブースを出して、**販売パートナーを募集**するのです。これをやると、商品を取り扱いたいという人が現れて、代理店になってくれます。独占販売権を持っている人が日本のトップとなり、その下に一次代理店、二次代理店というピラミッド組織ができていくわけです。

このように販路を広げていくことで、商品はどんどん売れていき、利益もどんどん増えていきます。転売の場合、あくまで自分がプレーヤーで広がりがありませんが、貿易になると、売ってくれる人が増えて、広がっていくというわけです。

事例2

年収1億円以上になった30代元お笑い芸人

●人生最大の危機をチャンスに変えた

続きまして、『いちばん儲かる！ Amazon輸入ビジネスの極意』（秀和システム）の著者である竹内亮介さんの事例をご紹介します。

竹内さんは、大竹さん同様、自分で独占販売権を集めて輸入ビジネスを行なうかたわら、これから始めたい人向けにコンサルティングもしています。異なるのは、大竹さんが社員を多く抱えてやっているのに対し、竹内さんは社員を抱えず、**すべて外注**でやっている点です。

竹内さんは、もともとお笑い芸人でした。しかし、声が出なくなってしまったのでお笑い芸人の活動ができなくなってしまい、２０１２年頃、川島塾に入ってビジネスを学ぶことにしたのです。ここで私がやっていたようなネットビジネスを学ぶ予定が、なぜか輸入ビジネスの道に進みました。

なぜ輸入ビジネスになったのかというと、２０１１年の東日本大震災後、1ドル80円くらいの超円高になったためです。当時、川島塾では、こんなに円高ならネットビジネスより輸入ビジネスのほうが得だと奨励していたのです。

そしてそのときに輸入ビジネスの教科書となっていたのは、私が推薦の声を寄せていた船原徹雄さんの『世界一楽しく儲かる金持ち教科書』（三笠書房）という本です。そのため、竹内さんを含め、この本で輸入ビジネスを学んだ人がたくさんいました。

さて、そんなわけで、私の周りにはその頃から輸入ビジネスをしている人が多かったのですが、その中でも特に飛躍していったのが竹内さんです。竹内さんは輸入ビジネスの基礎を学んだあと、自分で試行錯誤を繰り返し、**独自ノウハウへと進化**させて、億単位のお金を稼ぐようになりました。

●交渉ターゲットを選ぶ4つのポイント

竹内さんも当初は、仕入れて売るだけの普通の転売をやっていましたが、2013年5月に最初の独占販売権を取り、本格化させていきました。最初の独占販売権は、**中国製ゲームコントローラー**で、すべてインターネット上で交渉して決めました。それから、アメリカ製のバレエ商品、スイス製のゲームアクセサリー、中国製のヘッドフォン、台湾製のポケモン関連電子機器などの独占販売権を手に入れていきました。

その中でも、ポケモン関連電子機器は、月1000万円以上の利益を生み出してくれる大ヒット商品になりました。利益推移としては、2014年に2000万円、2015年に5000万円、2016年に**1億円以上**になったのです。

これらの商品の独占販売権を得るために、竹内さんはさまざまな方法を試し、試行錯誤を繰り返しました。そして、実践を重ねるにつれ、より効率的な方法を生み出すことに成功しました。

その結果、今の竹内さんは、どんな方法で独占販売権の取得交渉をしているのかというと、まず、次の4つのポイントに当てはまるメーカー探しをしています。小規模な**三流〜十流メーカー**、とにかく**ニッチなメーカー**、まだ日本にない**最新メーカー、日本代理店がないメーカー**の4つです。

こういったメーカーであれば、個人レベルでも交渉の余地が十分にあるので狙っていくわけです。誰もが知る一流メーカーは、自社で日本法人を設立していたり、大手日本企業とすでに組んでいたりするので難しいのです。

●通訳を上手に活用する方法

目当てのメーカーが見つかったらアプローチします。アプローチの方法は、**メール**や**電話が基本**です。メールや電話なら、それほど手間もかかりませんので、どんどんオファーを出します。

そして、手ごたえがよい場合、必要に応じて海外に直接会いに行って話します。

海外メーカーと交渉するには、通訳や翻訳が必要です。プライベートではなくビジネスですので、多少語学に自信があったとしてもネイティブレベルでないのであれば、人を雇ったほうがいいでしょう。

通訳や翻訳の雇い方としては、ネットや電話での仕事か、海外での仕事かによって、雇い方を分けています。

ネットや電話での仕事の場合、**@SOHO**（https://www.atsoho.com）、**クラウドワークス**（https://crowdworks.jp）、**シュフティ**（https://app.shufti.jp）などに求人情報を出して雇っています。月額4000～1万円という低賃金で募集しても、在宅勤務を希望する主婦などからたくさんの応募があります。かつては大手企業の第一線で働いていたような優秀な人も登録しているので、経歴を聞いて選べば、実力のある人を雇うことができます。

海外での仕事の場合には、インターネットで検索して**現地で通訳を雇います**。なぜなら、日本から同行すると旅費がかかってしまうのと、現地に住んでいる人のほうが現地でのビジネスに慣れていることが多いからです。特に、日本人向けのビジネス通訳を現地で雇った場合、同じような仕事を過去に経験したことがある人と出会える可能性が高いので、仕事を円滑に行なうことができます。また、**人脈を紹介**してもらえたり、**観光ガイド**をしてくれたりといった、プラスアルファのメリットがあることもあります。

たとえば、竹内さんの場合、2018年9月に北京で、新たに年間1億円の利益を生み出す商品の独占販売権取得に成功しました。そのとき「**北京大来**」という現地通訳会社を使ったところ、とても優秀な方が交渉をあと押ししてくれ、日本での独占販売権の商談がまとまりました。

●商談を成功に導く3つの交渉ポイント

交渉のポイントは3つあります。**年間販売計画書**を作って提示する、**熱意**を伝える、**商品への愛情と興味**を示す、です。

何より大事なのは、熱意と情熱を持って「あなたの商品は素晴らしいものなので、なんとしても日本で広めたい」と伝えることです。そしてもちろん、「独占販売権をください。日本の市場を任せてください」とも伝えます。すでに輸入販売実績や独占販売実績がある場合には、もちろんそのことも具体的に伝えます。

資金と実績が認められた場合には、頼もしいと思われて高確率で話がまとまります。資金や実績が認めてもらえない場合は、相手も半信半疑なので、相手から最低購入数や月ノルマをより厳しく伝えられます。ここでクリアできそうなら、それを受け入れ、無理そうでしたら、少し数量を下げてもらえないか交渉します。相手も売れるものなら売りたいので交渉には応じてくれるでしょう。

本当に資金がなくて、最初はほとんど仕入れができない場合、とにかく熱意を伝え、商品についての愛情と興味を示し続けます。これでも、本気で売ろうとしている気持ちが伝われば独占販売権を得られます。

●いかに労力をかけず、スタッフを雇わずに販売するか？

独占販売権を得られたあと、どうやって売るのかというと、竹内さんの場合、自分で管理して販売するのは**アマゾンだけ**です。アマゾンのFBA倉庫に納品すれば、あとはアマゾンが売ってくれて手間がかからないからです。また、商品を納品するのも、受け取り、検品、アマゾンへの発送と手間がかかるので、FBA納品代行業者の**福富サポート**（http://fukutomi-support.com/）を使っています。

自分でやるといっても、これでほとんど手間なくできます。このほか、やることとしては、売れ行きが芳しくない場合には、アマゾンのスポンサープロダクトという広告も使います。

直接販売以外に卸販売する場合は、どこに対して行なっているのかというと、すでに**関連商品を販売している店舗**や、楽天やヤフーショッピングの**強いセラー**に対して行なっています。商品によっては、ビックカメラやドン・キホーテなど**大手企業に卸販売**することも可能です。

卸販売の契約がまとまれば、時間や手間をかけずに自動的に売れていくようになります。人気商品であれば、多くの顧客を抱える店舗やセラーがどんどん売ってくれるため、手間をかけずにかなり儲けることができます。

日本総代理店として大手企業に卸す場合、日本語のパッケージやマニュアルの作成、不良品サポートなどの体制を整えることも大切です。これは、メーカー側にオリジナルの文字データを送ってもらい、それを日本で翻訳家に翻訳してもらいます。

日本語版にした文字データをメーカーに返送すると、日本語版で印刷してもらえます。翻訳家はクラウドワークスなどで募集したフリーランスに頼めば割安ですし、印刷はメーカーがやってくれるので無料です。この方法だとコストは最低限に抑えられます。

なお、竹内さんの手法につきましては、竹内さんの著書『いちばん儲かる！ Amazon輸入ビジネスの極意』（秀和システム）に詳細に書かれています。ですから、取り組む場合には、ぜひこちらを参照しながら行なうことをおすすめします。

この本は2015年に出版されたものですが、この本を読んで稼げるようになった人が続出している超良書です。最近の川島塾で輸入ビジネスを始めたい人には、この本をすすめていて、続々と独占販売権長者が誕生しています。

Chapter 10

通販ビジネスで年収１億円稼ぐ方法

こんな人におすすめ！

- 一攫千金を狙いたい人
- 資金にかなり余裕のある人
- リスクを恐れず覚悟を持っている人

売れる商品、販売サイト＋広告で、ビッグビジネスに！

●現実的に100億円手に入れることも可能

インターネットビジネスの**究極の形**が、単品リピート通販です。単品リピート通販とは、同じ商品を定期的に送る契約をし、**商品を売り続ける**というビジネスモデルです。会員制ビジネスの商品版ともいえます。

単品リピート通販で売れる商品を見つければ、リピート性のない商品に比べて広告費をかけられるため、広告費が安いところから高いところまで、ありとあらゆる場所に広告を出せます。

そのため、多くの広告を占拠して、誰もが知る商品になって、**莫大な利益**をもたらしてくれるのです。また、インターネットから飛び出し、テレビ、新聞・雑誌にも広告の場を広げていくことができます。さらに、その場限りではなく、半年後も1年後も解約されるまでひたすら利益をもたらすのです。

単品リピート通販ビジネス成功の秘訣はテストの繰り返し

・商品と販売サイトを作って広告に出す

↓

・広告費以上にリターンが得られるものは続ける

・広告を改善してリターンが得られるようにする

↓

ひたすらこれを繰り返していくと、
利益はひたすら増えていく

なお、現在は広告費が高いため、一度買ってくれたお客さんに
継続的に買ってもらわないと広告費以上のリターンは得にくい
会員制ビジネスのように、毎月お届け契約することが大切

最近の単品リピートの通販成功事例に挙げられる商品は、サントリーの「セサミン」や、えがおの「黒酢」、青汁王子の「すっきりフルーツ青汁」などで、莫大な売り上げを記録しています。

これらは、あなたもどこかで見たことがあるでしょう。売れる商品と売れる販売サイトを作ってしまえば、あとは**広告を出せば出すほど儲かる**ので、ヒットした商品は多くの日本人に知れ渡るのです。

具体的な数字としては、1つの商品の売り上げが年間100億円、粗利が20億円、事業売却した場合は一括で100億円というレベルです。

健康に関する商品の場合、薬機法（旧薬事法）には気を付けるべきですが、それをクリアすれば、あとはひたすら売れる商品とサイトを作ることで利益を伸ばせます。

ですから、このビジネスモデルは個人インターネットビジネスの延長線上にあるとはいえ、スモールビジネスレベルではなく、本当にメジャーな企業を経営するお金持ちを目指したい人に向いています。

事例

年収5億円の30代元しがないサラリーマン

●秘匿性の高い通販ビジネスをどのように学んだのか？

では、具体的にどうやっていけばいいのか、まったくのゼロから通販ビジネスを実践してきたK氏に話を伺いましょう。K氏は現在上場を目指しているため、完全匿名での登場ですが、私とは知り合って8年になる親しい間柄です。

知り合った当時はサラリーマンだったのですが、私が「さっさとやめちゃったほうがいいですよ」と言ったのがきっかけで翌日辞表を提出し、退路を断ってビジネスをスタートしました。当初、輸入ビジネスをしていましたが、そのビジネスを1200万円で売却し、**ゼロから通販ビジネス**を始めたのです。

どのように学んだのかというと、まず2013年に『ゼロから始める！ 4年で年商30億の通販長者になれるプロの戦略』（林田学・ダイヤモンド社）という本を読みました。また、この本以外にも、当時出ていた通販関連の本はすべて読みました。

それから、村岡式単品リピート通販塾に入り、さらに知識を深めました。村岡さんは、エバーライフ社で社員として通販事業部を立ち上げ、年商58億円の「鮫肝海王（サメギモポセイドン）」と、年商120億円の「皇潤」というヒット商品を生み出した方です。

村岡式単品リピート通販塾で学んだあと、K氏は自身で通販事業を始め、年商3億円規模まで伸ばしました。

しかし、限界を感じたため、当時年商20億円規模の商品を持っている会社の社長に一部出資してもらい、コンサルティングしてもらう形にして事業を拡大しました。

そのコンサルティングが功を奏し、2014年マイナス1000万円、2015年3000万円だったところ、2016年5000万円、2017年1億円、2018年**7億円**と爆発的に利益を伸ばすことに成功したのです。

●単品リピート通販で売れる商品と販売サイトの作り方

通販を始めるには、まず売れる商品を作る必要があります。単品リピート通販で特に売れるのは、**健康食品、サプリメント、化粧品**などのジャンルなので、その中で考えていきます。

もちろん、その分野の商品を作れば、なんでもかんでも売れるというわけではありません。最近売れている商品を**徹底的にリサーチ**して、成分から名前、デザインまで考え抜いて決めていく必要があります。これはプロでも難しい作業なので、候補をたくさん作って、次の販売テストに進みます。

商品候補が数種類、数十種類と決まったら、それぞれその商品に合わせて販売ページを作っていきます。これまた情報販売ビジネスなどに比べて、成約率の高いページを作り込む必要があるため、手間がかかります。

こうして何十、何百もの商品と販売サイトを作り、テストマーケティングを繰り返して、そのなかで一番売れるものをメイン商品とします。最初にこのようにキラー商品とキラーページを準備するからこそ、安心して莫大な広告費をかけられるというわけです。

WEBサイト作成は、この道のプロの**アドライズ**（https://www.adlize.com/）に頼み、カートシステムは、定期通販の**たまごリピート**（http://tamago.temonalab.com/）を使います。

テストマーケティング段階では、**ドライテスト**という手法を使います。実際の商品は作らず、売れたらお客さんに謝る形です。事情を伝え、お詫びの品を無料で送ります。

テストマーケティングを繰り返し、売れる商品がわかったら生産します。どうやって生産するのかというと、これまたその道のプロの生産会社に頼みます。**ミリオナ化粧品**（http://milliona.jp/）、**三生医薬**（http://www.sunsho.co.jp/）、**ジャパンビューティプロダクツ**（http://www.jbproducts.co.jp/）に頼むと、商品を作ることができます。

●広告出稿先の拡大方法

商品ができたら、いよいよ本格販売をスタートさせます。まずは広告代理店を通さないで自社で出せる媒体に広告を出します。特に、テストマーケティングのときに反応のよかった媒体から広告を出していきます。

次に、出したことがない媒体にも、少予算から広告を出していき、損益分岐点を上回るようでしたら継続的に出すようにします。さらに、広告代理店を通さないと出せない媒体もありますので、広告代理店にも依頼していきます。このようにして、**損益分岐点を見ながら販路を拡大**していきます。

ここで、どのように損益分岐点を調べるかということですが、これは、その商品がどれだけ**リピート購入されているか**を調べていかなければなりません。なぜなら、単品リピート通販という名の通り、リピート購入を前提とした販売戦略になっているからです。

どういうことかというと、今の時代は広告費が高くなっていて、一度きりの販売では、広告費以上の利益を手に入れられないことが多いからです。同じお客さんが何度も、繰り返し買ってくれることで、ようやく広告費以上に儲けることができるのです。

具体的には、１個売ると２０００円の利益が出る商品があったとして、売るのに広告費が５０００円かかるとします。この場合、１人のお客さんがこの商品を３回買ってくれて、ようやく黒字になるという計算です。

つまり、平均リピート回数を常に算出し、それを基に損益分岐点を計算して、広告を出していくのです。平均リピート回数が3回なら、１顧客獲得のための広告費損益分岐点は６０００円で、平均リピート回数が10回なら２万円になるというわけです。

平均リピート回数が増えれば増えるほど、かけられる広告費はどんどん増やすことができます。これが単品リピート通販が多くの広告を出せる理由です。

また、最初の入り口となる商品は1つだったとしても、一度買ってくれたお客さんに**関連商品を販売**していくこともできます。これが、クロスセルと呼ばれる手法です。クロスセルは新規の広告費がかかりませんので、**売れればまるまる利益**となります。また、クロスセルの利益を考慮したうえで、さらに広告を出していくことも可能です。

●配送体制と顧客サポート体制はしっかり準備する

商品が売れたら商品を発送しなければなりませんが、これは外注を使うようにします。商品配送代行業者を検索すると100社以上出てきますので、ニーズに合ったものを選びます。これは輸入ビジネスと同じで、それほど難しいことではありません。

注文を受けたり、サポートしたりするために、コールセンターも作ります。健康食品やサプリメント、美容商品は、教材や電化製品と違って電話で話して注文したい人が多いからです。これを用意するかしないかで売り上げは大きく変わってきます。こ

リピート回数が増えるほど広告費が増やせるワケ

商品　　　　お客さん

1個売れたら……
2000円の利益が出る場合

平均リピート回数		1人のお客さんを獲得するための広告費の損益分岐点
3回	→	2000円 × 3回 = 6000円
5回	→	2000円 × 5回 = 10000円
10回	→	2000円 × 10回 = 20000円

この金額まで広告費が使える！

繰り返し購入してもらえばもらうほど
広告費を投入できる！

れも、やはり最初は外注です。コールセンター代行などと検索すると、これまた100社以上出てきますので、ニーズに合っているところに頼みます。

しかしながら、よりきめ細かい対応をするには、自社でコールセンターをやったほうがいいでしょう。ある程度の規模になったら、品質向上のため自社で行なうように切り替えていきます。目安としては**外注は年商2億円くらいまで**、それ以上になってきたら自社でできるようにしていきます。

ハイリターンだが、ハイリスクでもある世界

というわけで、概要としては難しくなさそうなのですが、年に数十億円も売れる商品と販売ページを準備するのは実際にはとても難しいものです。その道のプロが100個テストして、ようやく1個あるかないかの世界です。

そんな世界ですので、K氏いわく、年商数十億を目指す通販ビジネスは超大変だから、友達にはおすすめできないということです。K氏の元には過去に何人も弟子入りしたいという人が訪れたそうですが、みんな続かなかったそうです。

実際のところ、年商数十億円を目指す通販ビジネスを本格的にやるなら**初期費**

用に1000万〜3000万円かかります。そして、それを失うリスクもあり、軌道に乗るまで時間がかかります。さらに、常に気を付けていないと薬機法で摘発されるリスクもあります。

こういった大変なことを乗り越えていく気力と体力がある者だけが成功していく世界なので、**相当の覚悟**を持って始める必要があります。

でも、いわゆるインターネットビジネスを追求した先には、こういった莫大な利益を生み出せる世界もある、ということをお伝えするために、ほかの方法と違ってややリスクはありますが、ご紹介しました。

初期費用が少なく、ほとんどリスクなく始められる転売ビジネスや、アフィリエイト、会員制ビジネスに取り組んでみて、数千万円から億のお金を手に入れたうえで、もっとチャレンジしたいと思った場合には、やってみるといいでしょう。

Chapter 11

集中力を維持して作業を続ける方法

稼げない人は、自分のせいではなくノウハウのせいにする

ここまで数多くの、本当に稼げるノウハウをお伝えしてきましたが、本当に稼げるノウハウを知っても、ほとんどの人は稼げません。そして「あのノウハウは役に立たなかった」とか「あんなことやっても稼げない」なんて言う人が続出します。

稼ぐ系の本のアマゾンレビューを見ると、そんなレビューが山ほど書かれているので、見ればわかると思います。おそらくこの本も、アマゾンにはそんなレビューがたくさん書かれることでしょう。

なぜ、そんなことになってしまうのかというと、ほとんどの人は、**やる気が起きなくてできない**からです。また、少し始めてみても、面倒くさくなって続かないからです。

ここで、自分の問題であることを認めたくない人が多いので、稼げないことをノウハウのせいにするのです。このノウハウが役に立たない内容だから、自分ができない

のは仕方ないことだと処理するわけです。

しかし、使えるノウハウを批判して、自己管理できない自分を肯定して、一時的に自尊心は保たれたとしても、収入は増えません。偉そうなレビューを書いたところで、あなたの生活は全然よくならないのです。

そのため、あなたがノウハウ批判と自己肯定を繰り返す、負のスパイラルに陥らないよう、この本では「**どうすれば集中力を維持して作業を続けられるのか？**」についても解説していきます。

東大合格マニュアルを読んで、東大に行ける人、行けない人の違い

まず、優れたノウハウ本を読んでも、それを実践できる人は少ないという現実があります。たとえば、東大合格マニュアルを読んでも、東大に入れる人は少数で、ほとんどの人は入れないのです。

その一方で、東大合格マニュアルを読んで東大に合格する人や、ビジネスノウハウ本を読んで稼げるようになる人がいるのも事実です。つまり、ノウハウというものは活用できる人にはプラスに働くのです。

では、ノウハウ本を活用できる人と、活用できない人は何が違うのでしょうか？

それは「**気分よく体調よく、長時間取り組めるかどうか**」です。

稼ぎの仕組みを作るのは、プラモデルやパズルを組み立てるのと同じで、時間をかけてコツコツ取り組む必要があります。そして、コツコツ作業をできる人だけが稼げるようになるのです。

ここで、気分よく体調よく取り組める人というのは、一部の秀才や天才だけなのかといえば、そんなことはありません。多少は遺伝子の影響もあるかもしれませんが、それは1つの要素にすぎません。

それ以上に大切なのは、**時間確保と健康管理、それとモチベーション維持**です。これらの方法をしっかり学べば、ほとんどの人が気分よく体調よく取り組むことができます。

実は、私のセミナーでは、この自己管理方法をしっかり教えているため、成功していく人の割合が劇的に高いのです。

私自身、もともと集中力がなく、中学や高校での暗記科目の成績は学年最下位レベルでした。しかしその後、大人になって自己管理方法を学ぶ機会があったことで、各種ノウハウを活用できるようになりました。

そのため、私は、できない状態もできる状態も知っており、どうすればできるようになるのかも、ノウハウと実体験の両方からわかっているのです。

作業をするための時間を確保する方法

では、具体的にどうすれば、気分よく体調よく長時間、作業に取り組めるようになるのでしょうか?

まず大事なのは、時間確保と健康管理です。時間を確保しなければ新しいことに時間を使えないですし、健康でなければ集中して物事に取り組めないからです。

また、それに加えてモチベーション維持も重要です。時間があって健康だからといっても、やる気が続かなければ作業し続けることはできないからです。

時間を確保するには、「**今やっていることで、今後やらないようにすることを決める**」ことがとても大切です。

まず、標準的な1週間の時間の使い方を1時間単位で書き出します。24時間×7日間なので、**168時間に区切って**書き出すのです。1時間どころか、本当はもっと細かく区切るほうが理想的です。できる限り細かく書き出してみましょう。

また、より具体的に分析するには、過去1週間を思い出すのではなく、これからの1週間の時間の使い方をその都度メモしていきます。人の記憶というものはあいまいなものだからです。

そして、1週間の時間の使い方をじっくり見ながら、今後やらないようにすることを決めていくようにします。

たとえば、テレビやスマホの時間が多い場合、「テレビを観ない」とか「目的なくSNSを見ない」と書き出します。全部中止にするのが難しい場合は、「週に最大何時間までにする」と書き出します。また、飲み会に行かないとか、ランチは10分で済ます、家事をやらない、酒を飲まない、タバコをやめる、などできる限りたくさんのことを書き出します。

作業時間を確保するためには、とにかく少しでも多く、今やっていることで今後はやらないことを決める必要があります。

そして、本気で収入アップしたいのであれば、さっさと会社をやめて、実家に帰って暮らすという選択肢もおすすめです。会社をやめれば、毎日8時間×5日間の40時間を一気に使うことができます。実家でしたら、部屋と食事くらいは用意してもらえるのではないでしょうか。

家事を自分でやってはいけない理由

時間確保について考えるときに、家事については自分でやる必要があると思ってしまう人が多いものです。

日本の標準的な家庭や学校においては、自分のことは自分でやりましょうと教わってきているからです。経済合理的な理由ではなく道徳的な理由として、自分の世話は自分でしましょうと教わるわけです。

しかし、収入を増やしたいのであれば、**家事こそやらない**ほうがいいのです。部屋の掃除、風呂の掃除、食器洗い、ベッドのシーツ交換、スーパーやクリーニングに行くことなど、すべてやらないようにするのです。

なぜなら、家事はほかの人でもできることだからです。そして、ほかの人に頼む場合、比較的安く頼むことができるからです。自分以外の人にできることで、それが自分の目指す時給より安く頼める場合、外注という選択肢を選ぶことが**時間確保の鉄則**です。

具体的な例として、家事全般は、**全国シルバー人材センター事業協会**（http://www.zsjc.or.jp）に掲載されている、「あなたのまちのシルバー人材センター」に頼めば時給1000円くらいで外注できます。あなたが時給1000円（年収換算すると200万円レベル）以上を目指しているのであれば、外注したほうが得です。その時間を使って時給3000円稼げたら、1時間あたり2000円プラスになるからです。

この話を聞いても「時給1000円を払うのはもったいない気分になる」という人

もいます。しかし、それは合理的理由ではなく、感情的理由でしかありません。なんとなくそう思ってしまう**気分の問題**なのです。

今のあなたが貧しく、本当に家事を外注する初期費用すらないのであれば、誰かと一緒に住んで家事をやってもらうという手もあります。私自身、20代の頃は恋人と暮らして家事は全部彼女にやってもらっていました。家族がいるのであれば、家族にやってもらってもいいでしょう。

とにかく、収入を増やすためには、時間を確保できない理由を考え出そうとせずに、いかに時間を確保するか、が大切なのです。時間を確保したうえで、その時間を新しいビジネスにあてなければ、収入はいつまでたっても増えないからです。

いつも調子よくなるための食事方法

時間を確保したら、次は健康管理です。作業に取り組める時間があっても、そのときに眠かったりだるかったりしたら、作業があまり進まないからです。

いつも元気で健康な状態にするために、注意すべき点は3つあります。

それは**食事と基礎体力と睡眠**です。車の走りは、ガソリンとエンジンの大きさとメンテナンスで変わるように、人間の「動き」は食事と基礎体力と睡眠の質で変わるのです。質のいい燃料を、元気なボディーに入れ、疲れたときはしっかり休むからこそ、よく「動く」ことができるのです。

ではここから、食事、体力アップ、睡眠について、一つひとつ解説していきます。

まず食事です。人間の場合、体を調子よく動かすためには、**質のいい食べ物**を選び、消化の負荷がかからないように食べることが大切です。

質のいい食べ物というのは、食品添加物などの不純物が少なく、体を動かす原動力になる栄養素がしっかり入っている食べ物です。

具体的には、果物、お米、味噌、魚、肉、野菜などです。なるべく新鮮で、農薬などがあまり使われていないものだとよりよいでしょう。

一方、質の悪い食べ物とは、食品添加物などの不純物が多い食べ物や、栄養素があまり入っていない食べ物のことです。

具体的にはスナック菓子や加工食品、冷凍食品、コンビニ弁当など、工場で添加物を加えて大量生産される食品全般です。中には質のいいものもありますが、質が悪いものがほとんどです。

食品パッケージの裏の原材料を見て、聞いたことがないような化学物質の名前がたくさん書いてあるものを食べると、眠くなったりだるくなったりするものです。また、単品を短期間食べるだけなら大丈夫だったとしても、何種類も同時に食べたり長年食べ続けたりすると、化学物質が体内に蓄積されて調子が悪くなったりします。

食品選びと同じくらい大切なのは、**消化に負担がかからないように食べる**ことです。消化に負担がかかると、消化するためにエネルギーを必要とし、眠くなってしまうからです。基本的には、よく噛んで食べることと、お腹の中を汚さないように食べることが大切です。

たとえば、いくら野菜は体にいいといっても、レタスやニンジンをよく噛まずに食べたら、大きな塊《かたまり》のまま胃に入ってしまいます。胃液はそこまで強力ではないし、胃壁は柔らかくて野菜をつぶすのは大変なので、消化するために体力を使ってしまい眠くなるのです。

また、揚げ物や肉の脂身、べとべとしたチーズやシチュー、激辛料理などを大量に食べると、胃や腸を汚したり傷つけたりしてしまいます。そうすると、これをクリーニングしたり修復したりするために体力が使われるため、眠くなるのです。

このほか、パンやパスタやうどんといった、小麦由来のものを食べると眠くなりやすい人は、おそらくグルテンが体に合わないので、なるべく避けたほうがいいでしょう。お米を食べると眠くなりやすいという人は、血糖値が上がりやすい状態になっているので、お米を少なめにした食事にしましょう。

食べ物は体質によって合う、合わないがありますので、自分が何を食べたときに調子がよく、何を食べたときに眠くなるか、日々チェックして**自分に合った食事**を選んでいくといいでしょう。

このようにして食べ物と食べ方に気を付けると、食後に眠くなることがぐっと減ります。グルメなどを楽しむときには何を食べてもいいと思いますが、作業に集中したいときには、食べ物と食べ方に気を付けましょう。

いつも調子よくなるための運動と睡眠方法

次は運動です。いくら食事に気を付けたとしても眠くなってしまう場合、基礎体力不足の可能性があります。そのため基礎体力を付けるために、**毎晩1時間ウォーキング**するようにします。

朝にウォーキングすると日中眠くなってしまって大変なので、夜にウォーキングするのです。これを続けていれば体力が付いていきます。

また、あまりに痩せている場合にはウォーキングしても、なかなか基礎体力が付いていきません。そのため、もっとたくさん食べるようにして、せめて標準体重くらいまで体重を増やしていきます。体重を増やすには筋トレも行なうといいでしょう。

それから、毎日質のいい睡眠を取ることも大切です。毎晩しっかり眠って体力を回復するからこそ、日中元気に過ごせるのです。

しっかり眠るためには、気を付けるべきことは2つあります。**覚醒物質の摂取を少なくする**ことと、**睡眠環境をよくする**ことです。

覚醒物質とは、コーヒーや紅茶に含まれるカフェイン、アルコールが分解されたあとに出てくるアセトアルデヒドなどのことです。筋トレ用のプロテインにも覚醒物質が含まれるといわれています。

これらの物質の血中濃度が高い状態のまま寝てしまうと、深く眠れず夜中に目覚めてしまいます。そのため、摂取する量と時間帯に気を付けるようにします。

睡眠環境を整えることも大切です。寝室は毎日1回は換気するようにし、温度・湿度をコントロールし、ベッドを清潔な状態に保つようにします。また、スマホの電磁波を避けるため、スマホは枕元に置かないようにします。

このほか、細かいことを言い出すときりがないのですが、少しでも体力アップすることと、少しでも深い眠りにつくことを目指し、一つひとつ対処していけば、体のパフォーマンスは上がっていきます。食事と同じく、体質によって合う、合わないがありますので、一つひとつ試してみて、自分の体に合う方法を取り入れていくといいでしょう。

作業を継続するためのモチベーション維持方法

気力・体力共に充実して元気になってくると、自然とやる気が出てくるものです。小さな子どもがじっとしていられないのと同じように、大人だって何かやりたくて仕方なくなるのです。

しかし、ここで意識が勉強や仕事に向けばいいのですが、そうはならない人も多いものです。いくら元気があっても、稼ぐための作業ではなく、ほかの遊びに意識がいってしまったりするのです。

なぜこうなってしまうのかというと、作業をする動機付けが弱いからです。わざわざ面倒くさいことに取り組むだけの理由がはっきりしていないので、つい楽なほうに流されてしまうわけです。

そのため作業をしたくなるためには、「**なぜ自分は作業をやるべきなのか？**」を明確にする必要があります。「やる必要がある」というレベルではなく「**やらなきゃ損だ**」「**なんとしてもやりたい**」と思うレベルにまで持っていく必要があるのです。

たとえば、「10キロの荷物を4キロ先に歩いて運んでください」と見知らぬ人に頼まれても、ほとんどの人はやりたくないですし、やらないでしょう。しかし、「10キロの荷物を4キロ先に歩いて運べば100万円もらえます」という話だったら喜んでやるわけです。もちろん、その話が信用できるものだったらの話ですが。信用できる話なら、やらないほうが損だ、ということになるわけです。

自分が何か作業に取り組む場合も、これとまったく同じ理屈です。面倒くさい行動のリターンがはっきりしていて、なおかつ確実性が高ければ、やらなきゃ損だと思うようになります。

また、それはお金ではなく、**体感できるもの**であれば、もっとやる気が出ます。人は1万円札を目の前にしたときよりも、美味しそうな焼き肉や、美しい異性を目の前にしたときのほうが、感情が動くものだからです。

この特性を活かし、モチベーションを上げるために、**明確なリターン**を最初に知って、なおかつ仮体験することが肝心です。

面倒くさい作業の先にあるリターンを知る方法

面倒くさい作業の先にはこんなリターンがあると、本で学んでも、誰かに聞いても、ほとんどの人は信用できません。

たとえば「アフィリエイトに真面目に取り組めば、あなたの年収は3000万円になります」と聞いても、そもそも**信じられない**のです。

信じられない状態では「真面目に取り組んでも、どうせリターンはない」と考えてしまうため、まったくやる気が起きないのです。

そのため「アフィリエイトに真面目に取り組めば、あなたの年収は3000万円になります」という話を、信用できる状態にまで持っていく必要があります。

信用できるようになるためには、どうすればいいのか？　それは、その**結果を出している人に直接会う**のが一番です。アフィリエイトで年収3000万円を稼いでいる人と1日一緒に過ごせば、多少は信じられるようになるのです。

しかし、1日くらいでは〝多少〟レベルです。もっと信用できるようになるためには、**何日も一緒に過ごす**必要があります。

何日も一緒に過ごせば、素直な人は信用できるようになるのですが、疑い深い人にはまだ不十分です。彼は天才だからたまたま成功できたとか、時期がよかった、運がよかったなどと考えてしまうからです。

このように考えてしまう人が信用するには何が必要かというと、アフィリエイトで年収3000万円以上の人だらけの場所に行くことが必要です。そして、1回行くだけではなく、彼らと頻繁に会うことが必要です。たとえば、年収3000万円の人30人と1カ月間一緒に暮らせば、さすがに信じることでしょう。

そして、「アフィリエイトに真面目に取り組めば、年収が3000万円になるのは明らかだから、やらないのは損だ」と思えるようになるのです。

「頻繁に会う5人の平均年収が、自分の年収になっていく」などといわれるのも同じような理由からです。

周りの人が自然と年収5000万円稼いでいる姿を見たら、それが普通に思えてくるのです。そして、彼らにやり方を聞いて、自分も年収5000万円にならないと損だと思えてくるのです。

ですから、あなたもモチベーションをアップしたければ、面倒くさい行動をしたらリターンがあるという話を聞くだけではなく、信用するレベルまで引き上げるために、成功者に会いに行ったほうがいいでしょう。

ちなみに、私がアフィリエイトで稼げると確信したのも、2005年頃に実際にアフィリエイトで数千万円稼いでいた方々、数名と会ったときです。稼いでいるアフィリエイターが主催するオフ会に参加してみたのですが、そこにいた成功者と話したことで、アフィリエイトは稼げると確信しました。

その結果、アフィリエイトに取り組む意欲がMAXになり、朝から晩までアフィリエイトの作業をして、稼げるようになっていったというわけです。

お金のある暮らしを仮体験してみることが大切

モチベーションアップのもう1つの秘訣は、**お金のある暮らしのよさを知る**ということです。

なぜなら、そもそもお金のある暮らしのよさがわからなければ、その暮らしを手に入れたいと思わないからです。よさを知らなければ今のままでいいや、となってしまって、稼ぐための作業をする気が起きないのです。

稼ぐための作業ができるようになるためには、今より快適な生活を体感して、お金のある生活をしたいと思えるようになることが大切です。

これは、体感するのが一番いい方法です。

たとえば、普段ランチを５００円で済ませているなら、１２００円の美味しくて健康にいいものを食べてみる。普段シングルベッドで寝ている場合は、１泊でいいのでキングベッドに寝てみる。普段満員電車で移動しているのであれば、１回だけでもタクシーで移動してみる。多少はお金がかかりますが、定期収入がある人であればときどきはできるはずです。

また、１円もかけなくてもできることもあります。たとえば、不動産屋さんに頼んで、高くて広い家を見学してみる。車のディーラーに行って高級車を試乗してみる。洋服屋さんで高くて快適な服を試着してみる。お試しだけでしたら、無料でできることだらけなのです。

どうすれば作業を続けられるようになるのか？

① 今やっていることをリストアップし、
その中で「今後やらないこと」を決め、時間を確保する

✕ SNSを見ない ➡ ○ その分、新しい仕事をする

② 食事内容に気を付け、よく眠り、
軽い運動をして、日中眠くならないようにする

③ 収入や資産が増えるメリットを体験してみる

④ 高収入の人が多い環境に身を置く

そうすると、金持ちが普通の存在に思えてきて
「自分もそうならなければ」と思うようになる

こうして、**お金持ち体験**をしてみて、いいなと思えれば、それを手に入れるための作業に取り組むモチベーションが上がります。お金が増えた先にどんな生活が待っているのかわかるからこそ、そこへ進む気になれるというわけです。

お金は人生のリスクを減らし、選択肢を増やすもの

お金があると快適な暮らしができることは、仮体験すれば実感できると思いますが、それだけではありません。

お金があると人生のリスクを減らし、選択肢を増やすことができます。

たとえば、近い将来、日本の社会保障制度が変わった場合、お金があれば**自衛の対策**をすることができます。今後、医療費の自己負担割合が増えることは間違いないといわれていますが、お金がないと病院に行けなくなるのに対し、お金があれば病院に通い続けられます。

現代は変化のスピードがとても速く、現在儲かっている会社に勤めていたとしても、

10年後には失業するリスクがあります。そのとき、お金があれば困ることなく暮らし続けることができますが、お金がなければ最低賃金で重労働の仕事をせざるをえない状況に陥ります。

災害や戦争が起きた場合にも、お金があればすぐに避難することができますし、避難先でも快適に過ごすことができるのです。一方、お金がないと引っ越し代や当面の生活費を支払えず、ベストな選択肢を選ぶことができません。

これらのことは自分自身だけではなく、家族や親戚についてもいえることです。家族や親戚が多ければ多いほどお金がかかってきます。

こうしたことにまで考えが及べば、これからの時代、**お金をしっかり稼がなければならない**と、よりいっそう思えるようになってくるはずです。特に、あなたに贅沢思考がなく、質素倹約的な価値観だったとしたら、以上のようなことを意識して作業に向かうといいでしょう。

おわりに

この本が出版されるのは2019年7月頃だと思いますが私は2019年7月7日に40歳になります。まだまだ気分は若いままなのですが、冷静に考えると、いい年のおじさんです。そして、40代になったら、30代のときに使っていた「世界を旅する年収1億円ブロガー」という肩書をやめようかなと思っている今日この頃です。

20代、30代でしたら、身軽に日々旅しているなんて雰囲気もよかったと思いますが、40代、50代になったら大社長や投資家のほうが似合いますからね。

そんなわけで、じつは私自身も、この本をご覧のあなたと同じように、これから何をしようかなと考えているところです。大社長になるには貿易ビジネスがいいかな、はたまた不動産投資家になろうかな、でもやっぱり本業の川島塾に集中したほうがいいかな……、なんて考えています。

今の時代、人の一生は長くなったもので、健康に気を付けていれば100歳までは生きられるといわれています。もう数十年もしたら150歳まで生きられるようになるかもしれません。

一方、時代の変化するスピードはどんどん速くなっていて、10年前の常識は今の非常識ですし、10年前の覇者は今の敗者になっていたりします。今や最強といわれるインスタグラムやユーチューブ、ネットフリックスだって10年前は知られていない存在でした。この変化のスピードは、今後もっともっと速くなるはずです。

これは何を意味するのかというと、今の時代に生きるということは、昔の人の10倍くらい変化のある人生を送ることになる、ということです。

たとえば、昔の時代は現役時代が40年、会社の寿命も40年で、「人生1職業」という感じでした。それが、これからの時代は、現役時代が80年、会社の寿命が8年なんてことになるのです。そうすると「人生10職業」になります。10職業は多すぎだとして、少なく見積もったとしても5職業となります。

そのため、現在何かのビジネスで成功している人だって、あっという間に無職になる可能性がありますし、今貧乏な人も次の波に乗れれば、一躍お金持ちになれる可能性があります。そして、長生きできるようになる分、そんな変化の日々が延々と続いていくのです。

これをハイリスクで苦しい時代ととらえるか、チャンスがいっぱいの素晴らしい時代ととらえるかは人それぞれです。

しかし、変化に対応できるよう準備している人にとっては、ビジネスチャンスとなるでしょう。また、変化することを予想済みで十分に貯金している人にとっては、投資チャンスとなるでしょう。

ですから、今貧乏でもあきらめずに、今成功していても驕《おご》らずに、次の波に乗れるように、日々情報のチェックをして準備しておくといいと思います。

私もこの10年はいい波に乗れて大儲けできましたが、今後10年はどうなるかわからないですし、さらに30年、50年先となると本当に未知の世界です。ですから、日々謙虚な気持ちで学び、目の前のお客さんを大切にし、将来に向けIoTやブロックチェーンなどの最先端技術に投資しているところです。

令和の時代を迎え、これからの日本は一時的崩壊とその後の再生への道を進んでいくと思いますが、準備していれば乗り越えられるはずですし、大金持ちになれるチャンスも見つけられると思います。

そして、そのときに、この本が少しでも参考になれば、とてもうれしく思います。

近い将来、どこかでたまたまお会いしたときに、「川島さんの本のおかげで金持ちになれましたよ」と、酒でもおごっていただけましたら著者冥利《みょうり》に尽きます。世の中は変化しても、きっと私は酒好きなままでしょう。

これからの日本は本当に大変なことになると思いますが、心と体の健康にはくれぐれもお気を付けください。また、ご家族のご健康とご多幸をお祈りいたします。

最後までこの本を読んでいただき、どうもありがとうございました。

ぜひどこかでお会いできることを楽しみにしております。

川島和正

◇本書の情報は2019年5月現在のものです。
各種のサービス内容は予告なく変更されることがありますことを、
ご了承ください。

◇本書に記載した情報や意見によって読者に発生した損害や損失
については、著者、発行者、発行所は一切責任を負いません。
事業、投資における最終決定はご自身の責任で行なってください。

お金儲《かねもう》け2.0

著　者——川島和正（かわしま・かずまさ）
発行者——押鐘太陽
発行所——株式会社三笠書房
〒102-0072 東京都千代田区飯田橋3-3-1
電話：(03)5226-5734（営業部）
：(03)5226-5731（編集部）
http://www.mikasashobo.co.jp
印　刷——誠宏印刷
製　本——若林製本工場

編集責任者　清水篤史
ISBN978-4-8379-2794-5 C0030

読者限定　豪華4大特典

特典 1

著者川島自身が本書の全文を読み上げた「お金儲け2.0」オーディオブック

作業中や移動中に聞いているだけで学べます！
通常、別途販売されるものが無料

特典 2

スペース上、本には書けなかった稼ぎノウハウ「年収1億円稼ぐ方法 番外編3種」PDF

ニッチな稼ぎ方、マニアックな稼ぎ方もご紹介！
まだまだ強力な稼ぎ方がたくさんあります

特典 3

川島×セルゲイ×竹内 年収1億円3人対談「年収300万円から1億円までのステップ」動画

途中でつまずかない方法について徹底解説！
これを知っておけば失敗を防げます

特典 4

川島和正出版記念セミナー音声「あなたの夢を現実化する方法」MP3

お金はもちろん、夢も叶えていきましょう！
最終目的はお金だけではないはずです

ダウンロードURL

http://1oken.com